圖解 心智圖 超強記憶術

節省複習時間 ✕ 加倍讀書效果

Mind Maps For Kids:
Rev up for Revision:
The Shortcut to Exam Success

暢銷
修訂版

心智圖發明人

東尼·博贊(Tony Buzan)／著　**陳昭如**／譯

新手父母

國家圖書館出版品預行編目資料

圖解心智圖超強記憶術/東尼.博贊（Tony Buzan）著；
陳昭如譯. -- 4版. -- 臺北市：新手父母出版，城邦文化事業
股份有限公司出版：英屬蓋曼群島商家庭傳媒股份有限公司
城邦分公司發行，2023.12
面；　公分. --（好家教；SH0032Z）
譯自：Mind maps for kids : rev up for revision: the
　　　shortcut to exam success
ISBN 978-626-7008-72-0（平裝）
1.CST: 學習心理學 2.CST: 思考 3.CST: 記憶 4.CST: 考試
521.1　　　　　　　　　　　　　　　　112019816

圖解 心智圖，超強記憶術【暢銷修訂版】

Mind Maps For Kids: Rev up for Revision: The Shortcut to Exam Success

作　　　者｜東尼‧博贊（Tony Buzan）
譯　　　者｜陳昭如
選　　　書｜李小鈴
主　　　編｜陳雯琪

行 銷 經 理｜王維君
業 務 經 理｜羅越華
總 編 輯｜林小鈴
發 行 人｜何飛鵬
出　　　版｜新手父母出版‧城邦文化事業股份有限公司
　　　　　　台北市中山區民生東路二段 141 號 8 樓
　　　　　　電話：02-2500-7008　　傳真：02-2502-7676
　　　　　　E-MAIL：bwp.service@cite.come.tw
發　　　行｜英屬蓋曼群島商家庭傳媒股份有限公司城邦分公司
　　　　　　台北市中山區民生東路二段 141 號 11 樓
　　　　　　書虫客服服務專線：02-2500-7718；02-2500-7719
　　　　　　24小時傳真專線：02-2500-1990；02-2500-1991
　　　　　　服務時間：週一至週五上午09:30～12:00；下午13:30～17:00
　　　　　　讀者服務信箱：service@readingclub.com.tw
劃 撥 帳 號｜19863813　　戶名：書虫股份有限公司

香 港 發 行｜城邦城邦（香港）出版集團有限公司
　　　　　　香港灣仔駱克道193號東超商業中心1F
　　　　　　電話：(852)2508-6231　傳真：(852)2578-9337
　　　　　　E-MAIL：hkcite@biznetvigator.com
馬 新 發 行｜城邦（馬新）出版集團Cite (M) Sdn Bhd
　　　　　　41, Jalan Radin Anum, Bandar Baru Sri Petaling, 57000 Kuala Lumpur, Malaysia.
　　　　　　電話：(603)90563833　傳真：(603)90576622　E-MAIL：services@cite.my

封 面 設 計｜鐘如娟
版面設計、內頁編排｜孫夢梅
製 版 印 刷｜卡樂彩色製版印刷有限公司

2008 年 01 月 03 日　初版
2015 年 06 月 02 日　修訂 2 版
2019 年 06 月 06 日　修訂 3 版
2023 年 12 月 07 日　修訂 4 版 1 刷

定價380元

城邦讀書花園
www.cite.com.tw
Printed in Taiwan

來自東尼的信

你以為讀書的要領只有「3R」（Reading讀、'Riting寫、'Rithmetic算）嗎？嗯，其實還有第四個「R」，那就是「Revision」（複習）！

你爸媽是否常為了你是否複習功課與考試成績而嘮叨個不停？（就像他們總是不斷嘮叨說你手機通話費太貴，或是要你整理房間）。老師也是如此。我知道，他們這樣真是讓你煩死了。

以前我總是對考試感到很緊張。我知道我必須參加考試，可是我真的很害怕，因為當我腦袋需要記住很多事情的時候，它就像是卡住了似的。我以前很不喜歡做筆記，我一點都不想記；即使我記了一些，也從來都不想再閱讀它們（因為我常忘了筆記上記的重點是什麼！）。而且最糟糕的是，我想我已經有一大堆功課要複習了。

總的來說，當我考試或某些想法表現不夠好，而其他人認為我是「失敗者」時，我會變得非常討厭複習功課。我會問我自己幾個問題（也請你試著問問自己這幾個問題）。

我花了幾小時讀以下幾個科目：

★數學。
★語言及文學。
★科學、地理與歷史。

幾千個小時！

可是……
我花了幾個小時做以下幾件事：

★記憶。
★做筆記重點。
★我的創意力。
★我的腦力。
★在學習某件事情之後，記憶力做了什麼事。
★修正技巧。
★考試技巧？

零！

因此，我開始研究我們神奇的大腦，發現大腦喜歡顏色、刺激、變化、精力與活動——而這些都是白紙黑字的筆記上所沒有的東西。若是我們的大腦對某件事感到興趣，它就會越容易參與其中，讓這個資訊進入大腦之中，並牢牢地記住它。結果就是如此！

如果你跟我一樣希望不必再複習功課的話，那麼就讓我與你分享我的發明——心智圖。它可以讓即使是複習課業一千次都很有趣，而且簡單極了。每個人都可以使用心智圖，你只需要準備：紙、彩色筆、還有你的大腦！如此一來，你在讀書方面就會變得更聰明，而且毫不費力。若是你讀書方面變得更聰明，就會有更多的時間休息，忘掉壓力，盡情與朋友一起玩耍，以及得到更好的成績。

所以，你還在等什麼？讓我們開始吧！

TONY BUZAN
東尼・博贊

方法對了，學習事半功倍！

太棒了！真高興看到，又有一本幫助孩子學習的書問世。

說到學習，讓我聯想到，我那對寶貝兒女，不久前開始學習音樂，有時候，我也會跟著一起「旁聽」。我發現，音樂老師用小魚和小螃蟹，來代表DoReMi等各種音符，再用獅子跟小鳥等動物，來代表高低音符號，讓孩子們在聽故事跟玩遊戲的過程中，漸漸了解樂理，看懂樂譜，掌握節拍跟培養音感。看著兩個寶貝開心地學習著，我突然有一番領悟：**用對方法，就能讓學習變得更輕鬆，讓孩子學得更快樂，也更有效率。**

東尼・博贊——這位知名的心智圖大師，這回針對如何幫助孩子有效地複習，提供了用心智圖的方法，訓練孩子建構大腦內的記憶與聯想地圖。透過一張張綿密的網狀心智圖，可以有效地將資訊分門別類，也可以有效地加速複習，不但取代了死記背誦的舊有方式，更縮短了學習的時間，而有效節省下來的這些時間，就可以再用來學習吸收其他更多的資訊。

用心智圖幫助學習，就是我一開始所強調的「對的方法」。人對於「圖像」真的特別有感覺！有句話說：「一張圖片，勝過千言萬語。」在我還不認識了解心智圖之前，就曾經用圖像記憶聯想的方法來記人名，發覺還頗有效果。比如說，一位不管姓「余」還是姓「俞」的先生，當我想要記住他姓什麼時，我一定會觀察他長相或是身材特徵上，想辦法找到一些跟「魚」有類似之處，然後想像他就是一條魚，下次再遇到他，看到他的那些「類魚特色」，就會立刻提醒我，他是余先生或俞先生了。

身處在這個資訊氾濫的時代，我們每天要處理吸收的資訊，可謂五花八門、千奇百怪，篩選剔除無用的資訊後，那些有用的資訊，要如何存進我們大腦中的「資料匣」，變成可應用的知識，甚至成為長期的記憶，運用心智圖是一個好方法。

這本書還有兩個非常實際的功效：第一，它成功幫助在學的孩子們，加快複習的速度，尤其面對諸多考試時，把每個題目「心智圖」化，就不會在遇到難題時，只能盯著考卷發呆；第二，它幫助孩子們「有系統」並且「有邏輯」地思考，尤其在寫報告之前，就已經思考好整個報告的架構。這一定會讓孩子的成績提升，間接地也能增加他們對自己的信心。

心智圖的好處真不少，就某種程度而言，它也幫助開發，並充分運用了我們大腦左右腦的潛力。總而言之，這本書不止適合所有的孩子閱讀，爸爸媽媽更可以陪著孩子一起學習「心智圖」，加強自己的記憶力！我相信，學會使用心智圖後，你將會從此跟「記憶力衰退」無緣，將來也應該可以免受老年癡呆症或是健忘症所苦，而成為一個更有自信的人，擁有一張更美好、更燦爛的人生地圖！

名主持人・主播　何戎

給孩子受用一輩子的禮物：學會「如何學習」

童年，應該是充滿歡樂；學習，本來就是一件快樂的事情。身為家長的您，求學階段、升學歷程，又是如何度過的呢？回想起國、高中階段的我，面對升學壓力，只得犧牲運動、休閒、睡眠的時間，每天都努力K書到深夜。父母為了幫我請一位家教老師，成天精打細算、省吃儉用。只是，這一切努力與付出，卻因為缺乏正確的讀書方法，以致事倍功半，每逢考試之後，我收到的都是滿江紅的成績單，更因此而恐懼上學、害怕上課，天天生活在痛苦的深淵。

1989年，因緣際會之下，我參加國際青年商會訓練課程，從中學習到心智圖法（Mind Mapping）法後，居然能在不補習的情況下，通過多項國家考試，並在美國完成一個碩士，在臺灣完成二個碩士及博士學位。以前同學都不敢相信，我博士班讀的還是國立臺灣師範大學。

難道是我突然變聰明了嗎？並沒有，小時候的我就很聰明了，只是讀書方法不正確而已。2000年，獲頒諾貝爾生物醫學獎的美國加州大學醫學院史奎爾（Larry R. Squire）教授，與哥倫比亞大學神經生物學暨行為研究中心創辦人肯戴爾（Eric R. Kandel）指出，**影響記憶的因素包括：內容重複的次數、資訊的特殊性或重要性，以及跟現有知識掛勾並組織在一起的程度。** 過去我們讀書只懂得不斷重複、死記硬背，雖然，對記憶不是完全沒幫助，但除了過程痛苦外，還要犧牲許多運動、玩樂、多元學習的時間。貪玩的孩子，在沒有其他讀書方法的協助之下，往往被編到放牛班。

本書作者東尼·博贊（Tony Buzan）也曾經歷學習上的困惑。大學時，他一直想找一個有效的讀書方法而不可得，直到1960年代末期，受到語意學及加州大學史佩利（Roger Sperry）教授，發現大腦左右兩邊皮質區不同心智能力的影響，便在1974年透過《心智魔法師》（Use Your Head）一書，提出了「心智圖」（Mind Map）這項學習工具，即以認知心理學、語意學、圖解思考、色彩學與圖像學等理論背景為基礎的心智圖法。

在本書**第1章**當中，作者由左右腦心智能力的應用，指導讀者繪製心智圖筆記，及如何記憶心智圖中的重點內容；**第2章**則進一步說明繪製具有邏輯結構，又不失創意的心智圖技巧；**第3章**再介紹複習的時機與方法；**第4章**以學校不同的科目為例子，提供給讀者幾個整理心智圖筆記的建議；**第5章**接著介紹可以紓解讀書壓力的小祕訣；**第6章**除了提醒學生考前應注意事項外，也說明了心智圖應考答題的技巧；最後，**第7章**給讀者打了一劑學習強心針。

面對十二年國教、多元入學管道，孩子的升學壓力有減輕嗎？看來只有不食人間煙火的官員才會說有。大多數的家長與學生，除了焦慮，還是焦慮。難道我們就此束手無策嗎？當然不是。**心智圖法是一種將資料依據彼此間的關聯性，進行邏輯分類及展開因果關係的讀書學習方法，因此心智圖的筆記，能使知識的儲存、管理、活用與創造更有效率，增進學習的效能。** 我相信，若能依照本書所指導的「心智圖」筆記技巧，必能帶給孩子一個快樂學習的未來。

「孫易新心智圖法®」培訓機構創辦人

謹誌

www.MindMapping.com.tw（演講邀約：0800-322-999）

超強、最夯的腦力開發魔法書

東尼‧博贊（Tony Buzan）這位發明心智圖，也是世界記憶錦標賽的創始者，其著作被各國爭先的翻譯成三十多種文字，更以數百萬冊的數量暢銷全世界。

根據英國《獨立報》的報導，他的《圖解心智圖的第一本書》，被讀者票選為十大複習指南；美國《紐約客》雜誌則把東尼‧博贊評為：「本世紀關於記憶力最偉大的名字。」

《圖解心智圖的第一本書》在二〇〇七年的八月，由城邦集團的「新手父母」出版社在台灣出版發行，結果在全台書市幾近凋零、不景氣中，卻氣勢如虹，銷售捷報連連，深得父母、師長以及莘莘學子的重視與喜愛。

如今，「新手父母」更是乘勝追擊，出版東尼‧博贊另一本風靡全球，使千萬學子輕鬆開發腦力，真實提昇創造力，又能增加記憶力與專注力的《圖解心智圖‧超強記憶術》。

為什麼別人輕輕鬆鬆就可以理解的數學公式、物理定理、化學程式，我卻拼命想、努力背，卻依舊百思不解？

為什麼別人讀起書、做起功課，總是定力十足、專心專注，而我為何偏偏定不下心也無法集中精神？

孟子曰：「學問之道無他，求其放心而已。」孟子講這句話的意思是，在求學問道的路上，沒有其他好方法，唯有把那顆放失在外的心，找回來罷了。從孟子的教育思維、求學之道可以發現，讀書難以專心等，這些學子的煩惱，原來，早在兩千多年前就已經存在了。

東尼‧博贊在這本新書裡，尤其難得的是，積極的提供「加速復習」的妙方；告訴你，如何利用生命周期來做出美好的學習效率，在可逆轉與不可逆轉中，求得奇妙的改變；怎樣為英文繪製心智圖，且讓心智圖為你工作；如何啟動大腦、建立資訊、激勵自信，創造出超強的學習效果。

忙忙忙，也不過是少年讀書生，到底每天從早到晚在忙什麼？真的是沒眠沒夜全心全力焦點在課業嗎？為什麼每個人同樣擁有一天二十四小時，有的人卻是終日汲汲營營好似無頭蒼蠅，或成天累得雙眼似貓熊？而有的人偏偏日日成就多樣，卻依然神采奕奕、英姿煥發？我想這一切最主要的癥結關鍵，就在於學習方法的良窳優劣罷了。

學習方法的正確與否，絕對深刻影響成果的好或壞，成功或失敗。

以美儒老師在建中紅樓任教近三十年，帶過無數資優傑出少年的經驗，我願全力推薦東尼·博贊的這本具知識深度又富工具效應的著作，希望幫助天下無數青青子衿能走出學習的困境，能因此激發潛能，創造出前所未有的美妙學習效果。

親子教育家／建國中學國文科主席

陳美儒

圖解心智圖‧超強記憶術

Chapter 1

加速複習

Rev
up for
Revision!

心智圖會讓你複習功課輕鬆地有如一陣微風吹佛
——它可以幫助你歸納、組織課業，
穿梭於大小考試之間而遊刃有餘，
而且還能得到絕佳的成績！

圖解心智圖，讓學習有效率！

嗨！你是否在不久之後得應付好幾個考試呢？你家是否已變成了戰場？你爸媽是否老是不斷嘮叨要你去複習功課，而你還在晃來晃去，沒讀任何一點書嗎？是？不是？還是也許？嘿，等一下，你到底在騙誰啊？還是務實一點兒吧！

得了吧，你或許可以騙過所有的人，說你已經複習一些功課了，但你自己知道，其實你並沒有這麼做。現在你開始緊張了沒有？複習功課這件事是否已經毀了你的一生？嗯，現在是你得學著聰明一點，準備學習如何**加速複習**的時候了！驚訝吧？

複習？是什麼意思？

這是件你無法逃避，而且必須得做的事。那麼，「複習」（revision）這個討厭的字眼，到底是什麼意思呢？嗯——原來這個字真正的意思是「**再看一次**」，對一件事情多看一眼，「**檢查**」它一下，好讓你的大腦可以再**學習一次**，**再思考一次**，以便記住它。

請你暫時忘掉複習功課有多麼困難，因為過去你總是得揮汗如雨，才能讀完一拖拉庫無聊的課本。讓你的大腦**玩耍**！讓它覺得**有趣**點兒！如此一來，大腦會更容易**記住事情**。最後當你走進考場時，你會發現你能輕而易舉地回答所有問題，透過**飛揚的色彩**通過考試！

不妨做做白日夢吧。我們都會做白日夢。事實上，你可能在「做白日夢」這門功課上還是個頂尖好手。但是與老師告訴你相反的是，我認為做白日夢不只是空想或是浪費時間而已，實際上，做白日夢對大腦而言，可以說是個很棒的運動。當你利用**心智圖**來幫助你複習功課時，你的大腦會做些跟你所學相關的白日夢，並且與它們一起玩耍。這會幫助你加深對所學事物的印象。

心智圖不僅能幫大腦複習功課，還可以幫你輕鬆通過考試。很難相信吧？考試有可能會那麼簡單嗎？可是這是真的！你同樣也可以做到！

本書將告訴你如何去記住事情的方法，運用你的大腦讓它們分門別類，並充分享受複習與考試的成果。當你讀完本書時，你將會非常渴望複習功課！沒錯，你真的可以變得如此！而且更棒的是，你將非常盼望能得到應得的高分！結果就是如此！

我知道我記得這件事！

你是否有時會記不住事情，像是某個電影演員的名字，或是去年夏天是誰唱了一首讓你很感動的歌？那個人的名字幾乎已經跑到你的舌尖了，你明明知道他叫什麼名字，可是就是無法記起來。我們都有過這種慘痛的經驗。通常大腦開始思考其他事情時，才會突然想起一開始想記住的事。這或許對我們的日常生活沒什麼影響（雖然是挺惱人的），但若是這種情況發生在考試的時候，那可就是一場惡夢了，不是嗎？

讓你的大腦上緊發條

以下有幾個問題（不是考試題目啦）……

Q 你的記憶力是否像個濾網，當你想要馬上記住很多事情時就會卡住？

Q 你是否無法專心？當你看著一張空白考卷（或是任何一張令人生厭的印刷品）時，大腦就會有如當機般停止運作？

Q 你做的筆記重點是否很無趣，讓你的大腦很想關機？

Q 只要一提到「複習」這個字，就會讓你的腦袋打了一個大死結？

Q 你是否老是慌慌張張，總是要拖到最後一刻才複習功課？
你是否**厭惡複習**且**恐懼**考試？

Q 你是否對考試感到異常緊張？你是否因為知道自己可以考得更好，而會非常害怕面對考試結果？

如果你對上述問題的任何一題、或每一題的答案是「是」的話，也不必擔心。你只需要利用你的腦力，所有的考試就會變得簡單極了。

當你在複習功課時，**最重要**的就是要**增強**你的**記憶力**。考試的時候，你必須要有能力在第一時間記得所有必須記住的事，因為那時你是在與時間賽跑。那麼，你該如何讓**記憶力立刻**發揮作用呢？首先，我們來看看記憶力是如何運作的。

當你學習一件事情後，它能停留在腦海裡多久？幾個小時？幾天？一星期？還是得花上好幾個星期？不幸的是，它只能留在腦裡很短的時間——在不到一天之後，你就會把所學的事全都忘掉了。除非你還能做點什麼來停止這個遺忘的過程。

若是缺乏有效的複習，你將會在一天之內忘記80%所學的新事物。很恐怖吧？

那麼你能做什麼，來防止自己忘記所學的事情呢？你可以**複習**所學的東西，並且利用心智圖。複習的意思是「**再看一次**」，也就是溫習功課！如果你能**複習五次**的話，就能將這些資訊**永久**保存在大腦裡！所以千萬別把筆記本扔在書包的最底層而置之不理。當你放學回家後，花幾分鐘看一下你在筆記上寫了什麼，如此一來，當你面對接下來的考試時，能幫你省下許多複習的時間。

複習五次的公式

這裡有個複習功課的小祕方，那就是複習五次就能永遠記住。第一次複習的最好時間，是當你學習某件新事物大約一個小時之後。第二次複習則是一天之後（第二天放學後再看一次）。第三次是一星期之後，第四次是一個月之後，而第五次、也就是**最後一次**，則是在六個月以後。如此一來，它就會永遠留在腦海裡屬於你了！那麼你該如何複習功課，以及在何時複習功課，才能記住需要記住的事情呢？就是你所知道的——畫一份心智圖！

圖解心智圖，讓學習有效率！

重點：讓左右腦都動起來

你知道大腦分成**兩半**，而且每一半有不同的功能嗎？你**大腦的左半部**負責思考像文字、數字及清單；當你運用**想像力**、做白日夢、看見顏色、或從事有關旋律的活動時，則會使用大腦的右半部。所以當你隨著自己最喜愛的音樂翩翩起舞時，是你的右腦正在運作。當你在做學校作業及複習功課時，你覺得自己在用哪一半的大腦呢？ 對了，當然是你的**左腦**囉！

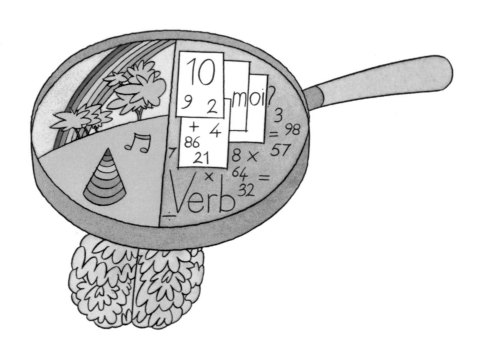

兩個半邊，合成了一個整體。

請你想想這個驚人的事實吧！當你一如往常在做功課或是複習功課時，你真正使用的只有一半的大腦——也就是左腦。至於右腦則是被你閒置在一旁！這真是太可惜了，因為你可以同時利用**右腦**，讓你的課業表現的更傑出，來幫助你複習功課，並在考試時**得到高分**！那麼，你究竟該怎麼做呢？那就是讓你神奇的大腦將尋常的線條與字彙，透過**色彩**與**圖像**來發揮功用。

跟你的右腦做朋友

請你試試看以下這個小實驗！（不需要在實驗室裡進行！）

請你心裡想著一個朋友（可能是跟你最要好的同學）。這時在你腦中冒出什麼東西？是一個字？一份清單？還是腦海中浮現一個人的圖像（一個「大腦圖像」）？我敢說，一定是圖像！所以，想要記住朋友最簡單的方法，就是畫出他或她的樣子，對吧？因為你的大腦會自動利用與它有關的視覺、色彩與圖像部分。

一張圖片勝過千言萬語。

右腦，右半邊的複習

當你在複習功課時，可以利用**圖像式**的（*右邊*）大腦。怎麼利用呢？透過畫圖及利用色彩。因為你的大腦會發現，記住圖像與色彩要容易**許多**；而且在記住圖像與色彩的同時，也能記住許多**事實**及**觀念**。那麼要怎麼做呢？就是利用心智圖！不過，心智圖是什麼東西呢？

> 心智圖是一種特別適合大腦運作的圖案，它能幫助你思考、想像、及記憶事物，同時也可以計畫並將資訊歸納──簡言之，它是一種幫助你複習功課的絕佳工具。

乍聽之下好像很複雜喔？其實一點也不會。心智圖很容易畫，而且你只要準備幾支彩色筆，一張空白的紙，以及……你的大腦！現在請你開始畫一張全班同學的**心智圖**，並畫出他們最喜歡做的事。請你參考一下第12至13頁梅爾朋友的心智圖，讓你了解心智圖包括哪些部分。

★拿一張空白的紙，將它橫放。

★在白紙中央畫一個圖案或符號。

★從圖中央畫出一條由粗而細的線條，代表一位朋友。每條線代表一個朋友，並且在線條的上面寫上他的名字。

★在線上名字的旁邊，畫上朋友的長相。

★從每條線上，再畫出幾條分支，在每條分支上寫出他們最喜歡做的事。

★在每條分支旁，畫上他們最喜歡做的事的圖案。

若是你覺得腦袋裡完全沒有任何想法，讓你無法畫出任何東西的話，千萬不要放棄──你**一定能夠畫**！每個人都會畫畫，當然也包括你在內！心智圖能釋放你的美術天分。

現在，你已經在紙上畫出所有**同學**了！這張心智圖要做什麼用呢？你可以用它來記住所有同學的**生日**。從此你再也沒有任何藉口忘記送生日卡給他們了！若是你想送他們禮物的話，這份心智圖還能顯示出他們**最喜歡**什麼東西。

登山　10月10日

足球

電腦

理查

溜冰

11月20日

梅琳達

閱讀

我

我的同學

柔道

愛咪

7月6日

嘻哈音樂

電腦遊戲

凱特

唱歌

5月3日

購物

威爾

電影

3月14日

健身房

騎腳踏車

同學

圖解心智圖，讓學習有效率！

當你了解心智圖的用法後，請你告訴所有的朋友，如此他們也可以擁有心智圖這個令人興奮的工具了。

改進複習的方法

有些人覺得複習功課真的很無趣，但是無論如何，你仍得複習！

嗯，複習確實可能是很無趣。不過也有可能不那麼無聊。你想想看，大部分的複習
都很無趣，是因為你用很無趣的方式，在對待我們**不可思議、充滿創意、強大有力
的大腦**！當我們**閱讀**白紙黑字的文字與句子時，沒有令人興奮的圖畫或顏色
來刺激想像力、或是讓我們的眼睛感到振奮，當然會覺得很無聊。因為我
們的大腦猶如處於關機狀態，而我們的心思則是毫無目的地四處遊蕩，等
著有什麼更刺激的事情出現。這時我們會真的失去複習與記憶事物的能力。我們的
大腦真正渴望的是**色彩與刺激**！這也是心智圖能幫助我們大腦集中注意力，讓我們
發揮與眾不同的能力去記住事情的原因。

但是，到底該怎麼做呢？

心智圖運用**色彩與圖像**，幫助我們同時運用左右腦，讓我們更容易思考、計劃、組
織、記憶與控制。所以，現在就讓我們來測試看看，心智圖到底有多好用吧！

你說我拼字拼得不夠好是什麼意思？
那可是我的**代數作業**耶！

請你閱讀下面這篇〈倫敦大火〉的報導：

倫敦大火

1666年9月2日，位於倫敦市普丁巷的國王麵包屋發生火災。

火災蔓延地非常快，一直到最後一刻，火勢開始延燒的那些貧窮居民仍留在他們的屋子裡。

很多人都跳進泰晤士河，並將他們的財物丟進河裡。

有人試圖用拆毀屋子來阻止火勢繼續蔓延下去，最後有許多船員用火藥將屋子炸毀來製造分隔，以阻止火啟蔓延。這場火災共燒毀了八十四座教堂，包括古老的聖保羅教堂，許多極佳的建築及數百棟連在一起的木造屋。火災損毀了五十條巷弄及狹窄的街道，同時也將城內的瘟疫一掃而光。

威爾·潘福爾德的火災報導
© *Daily News* 每日新聞

答案：

1.1666年9月2日。

2.普丁巷的國王麵包屋。

3.拆毀屋子及製造巨大的分隔，阻止火勢蔓延。

4.八十四間。

5.聖保羅大教堂。

6.屋子都是木造的，而且都連在一起。

7.消滅了瘟疫。

動腦筋

讓你不費腦回神其所講的內容，現著回答下面的問題：

1.火是在什麼時候發生的？

2.火是從哪裡開始並延燒的？

3.他們採取哪種方法阻止火勢蔓延？

4.有多少間屋被燒燬燒燬？

5.哪一所教堂在這場大火中被燒燬？

6.是什麼原因使火災以蔓延起？

7.這場大火唯一造成的好處是什麼？

圖解心智圖，讓學習有效率！

你讀過一次這篇報導後，是否就能全部答對呢？或許不能。除非你非常仔細地閱讀了那篇報導，同時也擁有絕佳的記憶力。

若是你再讀一次報導，並且非常努力記住裡面的重要事項，你想自己得花多少時間才能全部記住？十分鐘？一個鐘頭？兩個鐘頭？直到明天？還是直到下個星期？

還是無限期？

或許你一直到今天結束前，甚至一直到明天，都還只能記住其中一點吉光片羽。但除非你一直閱讀那篇報導，否則這件事肯定會讓你很苦惱。你的大腦被硬逼著記住一堆在畫線紙上的黑色文字，但你活潑的大腦想要的更多！大腦渴望在一張白紙上的色彩與圖像，好幫助它記住那些令人興奮的事實——那些通常教科書上所無法提供的東西；它們會讓你更感興趣，也更容易記住事情。給大腦一點色彩與圖像，如此它便能記住非常多的資訊。記住，一張圖片勝過千言萬語。

為什麼足球選手從不要
求吃晚餐？

因為他們總是在流口水！
（譯註：dribble流口水，也是帶
球跑的意思）。

關於心智圖的幾個熱門話題

你該如何從倫敦火災的報導中，歸納出幾項重點，好讓你更容易
記住呢？

1. 首先，你可以選幾枝不同的彩色筆及幾張普通的白紙，然後將
   白紙橫放。
2. 然後你可以畫一些火燄，並在紙中央寫下「倫敦大火」（也就是你的主題）
   幾個大字。
3. 現在你可以選四件你記得有關倫敦大火的事，然後從主題中央畫出幾個分支。請
   你用四種不同的顏色來代表這四件事情。
4. 若是有些小的想法從腦裡冒出來，可以在大分支之外畫出小分支。懂嗎？

不久之後，你將所有你記得關於倫敦大火的**想法**與事物都畫在白紙上了。很簡單
吧？

當你在畫第一張心智圖時，得到了什麼**概念**呢？其實心智圖有很多種不同的畫法，
若是你畫的**心智圖**與書中的範例不一樣的話，請不用擔心。因為這只是其中一種畫
法而已。當你看到下一頁心智圖的範例時，你會看到上面有許多關於不同想法的小
插圖。我要再次強調的是，這些圖案能讓你的大腦感到有趣，並幫助你更有效地**記
住**事物。現在，試著在你的心智圖上添加一些東西——如果你還沒完成的話！不要
擔心你畫的圖不夠正確，只要盡可能讓它們看起來很**生動**，而且**五彩繽紛**就可以
了。最重要的是，它們能**提醒**你記住倫敦大火的某個特別事項。讓大腦進入這些分
支所呈現的事物，並讓**想像力**盡情**奔馳**吧！

現在請你好好看看你的心智圖，並試著記住上面的每個資訊，以及每個分支是什麼
顏色。這對你待會兒想記住所有資訊時會很有幫助的，尤其是在考試時會特別有
用：你的大腦會發現，透過特定的色彩與圖案來回憶事實，變得容易極了。

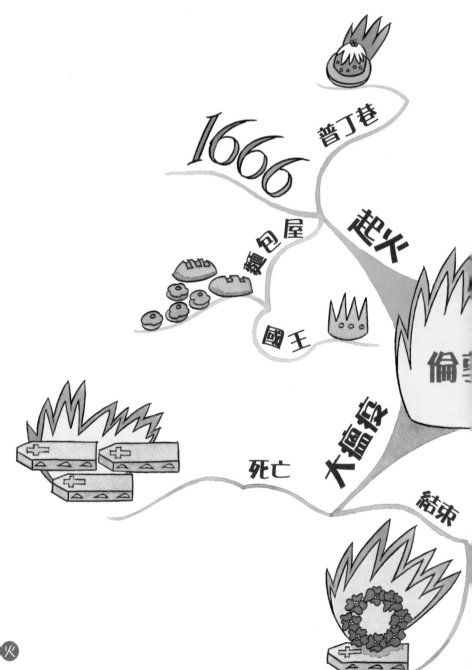

大樓

聖保羅教堂

84間教堂

建築物

火

屋子

木頭

小巷

燒毀

Chapter 2

學會使用超棒的心智圖

Getting
into the
Mind
Mapping
Groove

請你**繼續**閱讀下去,
發現更多繪製效果非凡**心智圖**的方法。

圖解心智圖，讓學習有效率！

本章中，我們將提供你更多有用的細節，告訴你該如何繪製超神奇的心智圖，並運用它們幫你複習各種不同科目的功課。（不只是倫敦大火而已！）

不過，別以為心智圖的功用只限於幫助你複習功課。你可以在各方面都使用心智圖。例如，當你考試考完後，可以利用心智圖為所有的朋友舉辦一個慶祝派對（見第116至119頁）。

請你不要翻回第一章，現在你還能記得多少關於倫敦大火的事呢？可多著呢！那麼，是什麼原因讓你能記得那麼多呢？對啦，就是那些你在畫心智圖時所選的顏色及圖案，是它們幫你的大腦記住很多事！因為你的大腦超愛那些又炫、又好看的玩意兒！

老師：露西，
讓我聽聽你背九九乘法表。
（譯註：九九乘法表
The multiplication table，
與桌子table是同一個字）

露西：餐桌、廚房桌、床頭桌、
咖啡桌。

東尼的心智圖小撇步

心智圖有什麼功用？

心智圖能夠幫你⋯⋯

歸納
資訊及想法

保持冷靜

利用你的
想像力

記住事情

有創意

做筆記
重點

理解

專心

控制

保持興趣

成功通過考試的7個步驟

讓我們更仔細地瞧瞧心智圖上的指示。這些指示都超簡單的。

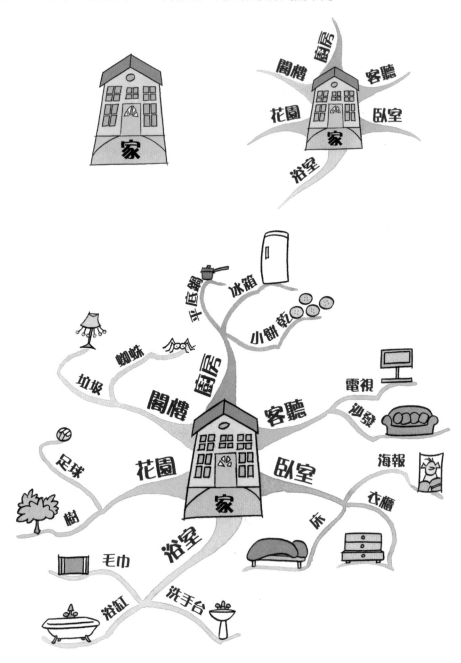

1. 拿一張白紙。不要那種有畫線的紙——因為它會阻礙你思緒的流動。把白紙橫放，然後從白紙中央開始思考，讓大腦從各種不同角度自由地發揮想像力，讓思緒自然而然流洩出來。

2. 拿出幾枝色筆，選幾個你最喜歡的顏色。

3. 想想你心智圖的主題是什麼，然後在白紙上把它畫下來，同時在圖案上用比較大的字寫下主題。請你把主題畫在白紙中央，這樣可以幫你注意力集中在這個主題，同時也有更多空間可以畫上其他分支。

4. 選一個顏色，在中央圖案的旁邊畫上一個主要主幹。這個分支代表你認為與主題最有關的第一個想法。請把這個分支畫成由粗而細的樣子。每個想法只能用最簡單的字來表達，而且用比中心主題小一點的字來寫，把這個分支填滿。然後用同樣的方法把其他主要的想法畫出來，每個想法要用不同顏色來畫。

5. 現在讓大腦好好想想更多有關支幹的想法。從主分支旁畫出幾條更細的次分支，並為每條次分支畫上小圖案（畫在次支幹上面）。請你沿著次分支寫上小字。圖案可以幫助大腦記憶並集中注意力，讓你有更多的自由與彈性（確保這些圖案是緊貼在次分支上，而且它們在紙上與次分支的關係是什麼，在你腦海裡的印象也就該是那樣——如此你才會更了解、並更深刻地記住它們）。

6. 如果你對次主題有更多想法的話，請自行增加更多更小的次支幹、說明字眼及圖案。

7. 現在你要記住的主題通通都在這張白紙上了，圖案與顏色能幫你的大腦記住它們。

圖解心智圖，讓學習有效率！

心智圖的小撇步

這是讓心智圖上面的資訊組織化、層級化的方法，請你根據下列的正確順序記下：

★ 將最**主要**的想法、主題或圖案置於白紙中央。
★ 將**主要**幾個想法或**主題**置於主幹上。
★ 將**次要**想法或次要**主題**置於支幹上。
★ 將**次次要**想法或次次要主**題**置於次支幹上。

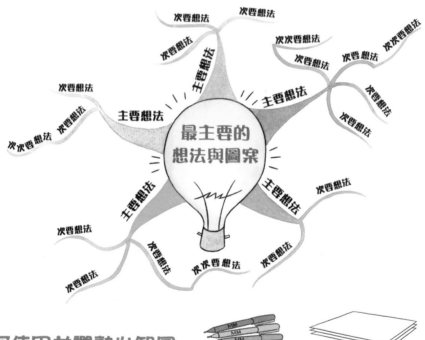

如何使用並嫻熟心智圖

繪製心智圖所需要的工具不是普通的簡單。你可以在任何需要的地方與時間利用它來做筆記或是複習。你需要的工具包括了：一張白紙，幾枝彩色筆，還有你的大腦！

請你把你畫的心智圖掛在牆上。把它掛在牆上展示出來，能確保你（以及你的爸爸媽媽）了解自己正在進行**大量**的複習。請你盡可能**多多**使用色彩及圖像，這會幫助大腦記住許多事情。

測試心智圖的測試圖

為了讓你**更容易**繪製心智圖，有一個特別的心智圖**測試圖**。當你正在運用**想像力**，像是當你正在編一個故事，或是在**歸納**資訊時，這個方法會很有用，而且它就是這麼的好用。當你在做**筆記**或編故事時，請你利用以下幾個問題來規劃畫你畫的**心智圖**：什麼東西（What）？為什麼（Why）？在哪裡（Where）？什麼時候（When）？跟誰（Who）？結果是什麼（Result）？（五個W一個R，不一定要根據這個順序）

現在請你自己透過**測試圖**，試著畫一張最粗淺的心智圖。

例如：你必須寫一篇很短的**報告**，而指定題目是**我的嗜好**。讓我們來看看心智圖可以如何幫你**組織資訊**。

1. 首先，請你為自己的嗜好畫一個彩色圖案。
2. 然後利用測試圖。請你為第一個問題畫一個由粗而細的主幹，代表「什麼東西」。當你在畫的時候，請你想著你的嗜好，並為它著上顏色。
3. 畫上「為什麼」的支幹。
4. 畫上「在哪裡」的支幹。
5. 畫上「什麼時候」的支幹。
6. 畫上「跟誰」的支幹。
7. 最後畫上「結果是什麼」的支幹。
8. 添上分支，加上有關報告的細節，並用文字寫下來。（記住，每個細節只能用最簡單的字來描述）
9. 在心智圖上畫小圖加以說明。

下一頁是麥特的嗜好──溜滑板的心智圖。

心智圖無所謂對錯，因為每個人畫的心智圖都**不一樣**。

滑板

頭盔

錢包

滑板
什麼東西？

錢

火車票

刺激

快樂
結果是什麼？

技巧

成就感

真好玩！
為什麼？

滑坡

戰鬥

滑行

平衡

運動

迴轉

快速

我的嗜好

圖解心智圖，讓學習有效率！

等你完成了心智圖後，試著用心智圖作為**指引**，寫下有關自己嗜好的整篇報告。這是不是會讓寫報告變得**更容易**了呢？同時請你注意什麼東西？**為什麼？在哪裡？什麼時候？跟誰？結果是什麼？**這些項目是你撰寫報告的基礎架構。

畫出複習

我要再次提醒你的是，你不用像很多人一樣，那麼擔心自己畫得夠不夠好。你喜不喜歡塗鴉呢？很多人都很喜歡塗鴉！塗鴉不是浪費時間，而是用你手上的筆做白日夢。這能幫助你**集中注意力**，並幫助你**想像事物**，並增強**記憶力**。透過彩色筆的幫忙，你真的能畫出很棒的塗鴉喔！拿一張紙，試著畫畫看你愛做**白日夢**的右腦想到了什麼。這會讓你覺得畫畫其實還蠻不賴的。

若是你的塗鴉更多彩多姿，而且更有趣的話，就會讓你**更容易記住**事物。若是你畫的圖或塗鴉越**五顏六色**，你的大腦就會越容易記住上面的事物，並得以組織你的思緒。心智圖其實就是個**超級大塗鴉**！請你用這個角度來思考它。

通往成功的心智圖

所以，你可以發現，**心智圖**能非常有效地指引你的白日夢，而這可以幫你**記住事物**及計畫如何寫報告。心智圖將如何幫助你複習，並幫你通過重要考試呢？首先，你將可以非常輕鬆地記住事物；第二，你可以利用心智圖超級快地回答考試題目。從此你再也不用緊張地瞪著空白考卷，等著答案從天而降！我們將在第六章（見第106頁）告訴你**利用心智圖應付考試**的各種方法。

現在你已經知道如何繪製心智圖了，所以該是將這些方法組織起來的時候了。我們第三章見！

為什麼足球場不建在外太空呢？

因為那裡沒有氣氛
（譯註：因為atmosphere氣氛也可譯為空氣）！

>> 第一次提醒：複習五次等於長久的記憶。

Chapter 3

讓大腦的資訊分門別類

Get
Sorted!

如果你複習得很好，
就能記住比剛開始學時還要多的事物。
那麼你該怎麼做呢？

其實你的大腦有種神奇的能力，
可以將一堆相關事物聯結在一起。

圖解心智圖，讓學習有效率！

有些人（好啦，只有少數人）擁有絕佳的組織能力，他們的房間似乎總是整潔乾淨，但我們其他人的房間卻總是凌亂不堪。但無論如何，不論你屬於哪種人，你必須把房間整理好才能複習。你覺得你的大腦喜歡什麼樣的工作環境？你需要什麼東西，才能讓複習工作做得更好呢？

東尼的複習小撇步

對大腦有益的複習建議：

★視線很好的空間。（讓你大腦的「眼睛」可以看到發生了什麼。）

★一張書桌、餐桌或工作檯。（你需要空間把東西攤開。）

★一張舒服的椅子。（太棒啦，但是你還不能打瞌睡喔！）

★幾枝筆、鉛筆及彩色筆。（為了繪製很棒的心智圖。）

★幾本書、資料及白紙。（為了刺激大腦。）

★一個為心智圖準備的看板。（讓你沒事就能瞧一眼——很棒吧！）

★重要物件。（海報、證書、吉祥物。）

警告，**警告**，分心警示！

小心你後面！那裡有四個誘人的怪物正等著你，而且每個怪物都企圖阻止你複習，它們是**電視（以及收音機）**、**遊戲機**、**電腦**、以及你的**手機**。他們不斷向你召喚並且引誘你（「看看我啊！」、「跟我一起玩嘛！」、「按我的按鈕！」、「跟我說說話吧！」）。

你可以在複習的空檔，把做這些事當作是給自己的**獎勵**。若是你要用電腦做功課的話，要確保你只能在複習時使用它，而不是拿來玩電腦遊戲。透過心智圖進行新型態的複習後，你可以省下所有多出來的時間，然後很快回到這些好玩事情的身邊。沒錯，使用心智圖就是這麼酷！

啟動所有系統

你的桌子將成為複習的發射台，所以把桌子整理好是很重要的。把所有不需要的東西通通拿開，並依照主題**將所有筆記與書籍分門別類**，然後將它們一排一排放在旁邊的書架上。請你把彩色筆及鉛筆放進一個順手就可以拿到的容器裡，並預留一點空間給你想擺在身邊的重要物件，像是**CD**、**吉祥物**等。把東西整理好能讓心思不紊亂，而且也能夠節省時間。

圖解心智圖，讓學習有效率！

心智圖的激勵效果

現在你有個地方，可以開始進行複習計畫了。

當你在唸書時，請儘早準備一大疊白紙（你可以把一堆A4大小的紙釘在一起）來繪製心智圖，目的是提醒你一開始就要做複習，然後你可以獎勵一下自己做了複習這件事。這份心智圖可以讓你持續複習，而且還會覺得很開心。如此你會得到很大的**激勵**！你將會看到自己的**成就**，而這可以減少你的挫折感。

有些人一旦開始複習功課，就會陷入一種很麻煩的狀態。他們總是一天拖過一天，一週拖過一週，直到最後一刻才被**逼得不得**不複習。其實，你不需要把自己搞成這樣！

請務必要**繼續**複習功課！

不要讓這種情況惡化下去！

打從你一進學校念書後，當你每天坐著寫回家功課，就請你養成一個好習慣，那就是回頭審視今天在學校裡發生了什麼。若是你不確定發生了些什麼，可以問問你的同學或是你的爸爸媽媽，讓這些事很快地重返你的記憶。千萬別讓它們自腦海中消失。

複習五次的提醒

請記住：**複習五次等於長久的記憶**。所以，若是你在六個月之內複習了什麼功課五次，它將會永遠留在你的腦中（見第7頁）。若是你養成了按時規律地審視課業的習慣，你會發現自己經常在複習功課。聽起來是不是有點恐怖？不會啦，因為你只要花一點點時間就可以複習完，而且會變成習慣。甚至於當考試即將來臨之際，你早就把功課全都複習完了！

複習五次＝長時間的記憶。

第一次複習：學習或閱讀某件事的一小時之後。

第二次複習：一天之後。

第三次複習：一週之後。

第四次複習：一個月之後。

第五次複習：六個月之後。

一張紙就通通搞定

除此之外，若是你畫一張必須記住所有事情的心智圖，**真的**會有很大的幫助。它不只能幫你妥善、概括性地整理出自己該做什麼，也能幫你了解自己已做完了什麼——這些事全都畫在同一張紙上了。下一頁的複習心智圖是概括心智圖的一個範例，你可能會發現它挺有幫助的（見第42頁繪製自己心智圖的小撇步）。透過心智圖與複習，你將會是考場上的常勝軍。

西班牙農夫會對他養的母雞說什麼？

ole！（譯註：西班牙文「棒極了」的意思，但與英文「oh lay 生蛋」的發音相似。）

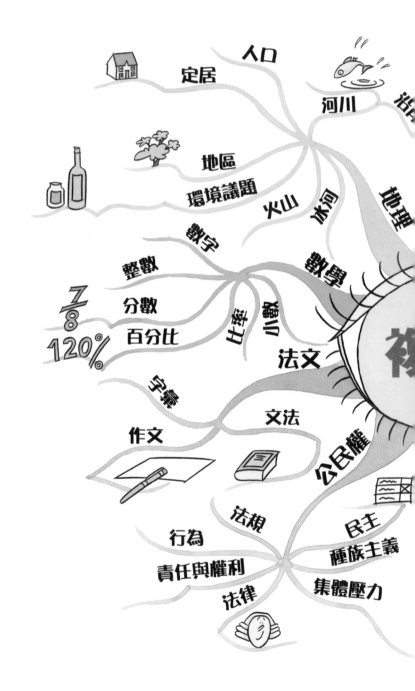

人口

定居

河川

地區

環境議題

火山

冰河

地理

數字

整數

數學

分數

比率

小數

$\frac{7}{8}$
120%

百分比

法文

字彙

文法

作文

公民權

法規

民主

種族主義

行為

責任與權利

集體壓力

法律

複習

40

標點

拼字

作文

書寫

物質

物理

人體

植物

科學

動物

羅馬人

維京人

盎格魯薩克遜人

都鐸時代的人

歷史

維多利亞 時代的人

希臘人

休息

玩耍

點心

遛狗

足球

朋友

看球賽

午餐

米蘭AC隊

五人制足球

溜冰

學校練習

比賽日

圖解心智圖，讓學習有效率！

複習

現在請你根據你所要複習的功課，試著畫出個人的複習概況心智圖。請你準備一張紙、幾枝彩色筆、還有：

1. 在紙的正中央畫上一個跟複習內容有關的圖案。
2. 在心智圖的幾個主幹上，寫下你要複習的科目，每個主幹代表一個科目（每個主幹都用鮮豔的顏色）。
3. 在幾個支幹上，寫下各個科目的主要議題（書上顯示的只是範例，至於你的議題可能不太一樣）。盡可能在上面畫些小圖作為提醒。
4. 每當你複習一個科目時，就在上面畫個勾，或做個記號做為獎勵。這表示你可以一眼就看到自己為每個科目及每個議題做了多少複習。對於複習你最討厭的科目，千萬不能馬虎或逃避，而且你應該在這些科目上花更多時間會在最討厭的科目上畫最多的勾或記號，對不對？
5. 最後，把你的複習心智圖貼在牆上。

東尼的複習小撇步

★ 請你開始重新回顧進入學校以後所做的各門功課，即使你在那門課業上只花了幾分鐘。請你養成一個習慣，就是在放學後花一點時間，重新回顧截至目前為止究竟學了些什麼——看看今天你做了哪些功課，以及截至目前為止已做了哪些功課。

★ 你愈是經常回頭審視功課（相當於五次），它就會愈容易根深柢固地留在腦海裡，而且會一直留在腦裡，直到考試的那天（或考試期間）。

★ 你最不擅長的科目，就必須花更多時間，或是更常複習。

★ 若是你不了解某些事的話，請向其他人（同學、爸媽、老師、兄弟姐妹）求助。

★ 複習五次等於長久的記憶。

閱讀跟科目關的書！

你或許曾聽過某些人可以很開心地「閱讀與科目相關的書」，並十分懷疑他們是否在說謊。其實這句話的意思，就是看一些與**科目**有關的其他**書籍**或**資訊**（不只是教科書）。你可以從一些很有用的**網站**、**雜誌**開始看起，它們跟書本一樣有用。若是有什麼電視節目與所學科目有關的話，也可以看看。到社區**圖書館**去看看有些什麼書與你所學的科目相關。如此能拓展你的**知識**，並幫助你保持對學習的興趣。你能充分利用其他人的**意見**與**觀點**，讓這個科目變得**更有趣**。如果這門科目變得很有趣，你就會對它產生興趣——並通往絕對**成功**的道路。

當你**閱讀**與科目相關的書籍時，可以利用心智圖來做**筆記**，好讓你**記住**閱讀過的內容。請你仿照在閱讀倫敦大火那篇文章時所做的一樣（見第20頁）。請你先閱讀那篇文章，然後把**主要議題**畫在白紙中央，將需要記住的重要事物畫成**主要分支**，並將次要必須記住的事物畫成**次要分支**。現在你有一張在網路或圖書館的閱讀紀錄了。請你將這張紙跟其他筆記、以及你的**心智圖檔案**釘在一起，或是與你其他的心智圖一起貼在牆上。

圖解心智圖，讓學習有效率！

快活一下

若是你已經複習了想複習的功課，就可以稍事**休息**，讓自己快活一下。請你把休息當成是複習**計畫**必要的一部分，並加進複習心智圖裡面。你可以花幾分鐘跟狗狗玩耍，或是跟朋友聊天。但千萬不要因此而鬆懈下來，或是跑去看一個鐘頭電視。不要讓休息時間**變成**了活動。

記住，休息（大約五至十分鐘）後一定要回來複習功課。請你限制自己的休息時間，讓你成為自己**命運**的主宰。如果可以的話，你可以設定鬧鐘來**提醒自己該回去**複習功課。你必須要在**掌控**之內——別讓其他的事情（像是「四個怪獸」）控制了你。

若是有朋友吹噓說，他們即使複習十個鐘頭也不休息，你也不要覺得氣餒。因為他們肯定是在**做白日夢**！一開始當他們這麼說時，可能會讓你覺得很難受，或是讓他們被人取笑，其實這只是因為他們很害怕複習，再加上他們**誇大**（而且是非常地誇大）了事實。如果他們毫無間斷地複習，是絕對不可能**有效地**複習的。懂得規律、**短暫休息**的人，才有可能**得到高分**！

出去讓身體動一動

讓**身體**休息一下也很**重要**。**運動**能讓大腦得到更多的「高辛烷能量」
（high-octane fuel）或是氧氣，讓你更敏銳、更快速且更機警。你的
大腦會成為一個一級方程式（formula one）的賽車，而不是已經爆炸
開花的舊鞭炮。當你坐著靜止不動地複習功課時，必須要動一動，舒

展一下身體。這樣會讓你保持健康，也會讓你的大腦發揮很好的功
能。若是你會固定**做運動**的話，請在複習時間表上偶爾也安排一些
遊戲或比賽（就像在你的複習心智圖畫上各個科目一樣）。你必須
出去讓身體動一動。如果你參加團體的體育活動的話，你會很開心
能遇到朋友，並做點**不一樣**的事。即使你不是個瘋狂運動迷，還是
得抽點時間**活動活動**筋骨。隨著你最喜歡的旋律跳跳舞，或是在街

上溜溜直排輪。拼命讀書卻不玩耍，會讓你的大腦變得超級笨喔！

圖解心智圖，讓學習有效率！

為每一次的努力找樂子！

為自己完成了設定目標而找點樂子及**獎勵**自己是很重要的。這會讓你有所期待，同時讓你覺得自己**完成**了某些事。你可以選擇做點很小卻很特別、直得你努力追求的事，但最好是簡單一點的事，而且是小事！因為我們還沒有談到大大的獎勵！（這種獎勵是在考試過後才能享有！）

多少時間？

考試逼近的時候（例如考期剛開始時），你必須想想自己在每個**科目**上得花多少**時間**複習。你可以在複習心智圖上寫下大概的時間。請你務必記住，複習五次等於永久的記憶。你會發現，當你每次重新複習一個**題目**，會覺得它很熟悉，而且不必花太多時間就能複習完。當你做完計畫中想複習的功課時，請在心智上圖**打勾**（或做個記號）。你最不擅長的科目上的勾（或記號），務必要比你最擅長的科目來得多。

了解自己！

你是屬於哪種人？你以前有想過這個問題嗎？你是什麼樣的人，幾乎會影響你想做的每件事，甚至會影響你的**成功**與否，像是複習功課與是否能**通過考試**。你有許多**長處**與短處，就像這個世界上任何人一樣。你必須認清自己的優缺點，然後想辦法改正缺點。

舉例來說，假如你很擅長地理，歷史卻很爛，那麼你該怎麼做呢？在一年之中，你需要花**更多時間**複習你的歷史。

那麼，你還有哪些其他的長處與短處呢？

請你想想自己屬於哪種人。你是那種在早上比較有**活力**且**機靈**的人？還是屬於喜歡在晚上工作的**夜貓族**？如果你是屬於**早起鳥兒型**的人，那麼請你利用這點，選擇在早上複習功課。然後在一天稍晚的時間，利用晚上以輕鬆的方式，讀些跟學科有關的書。這個方法是運用你個人的特質（*你原有的樣貌*）來達到**優勢**。

建立自信

自信是生命中許多事情的關鍵。如果你對某件事很有信心，便可以樂在其中並充分發揮。這個道理同樣也適用於做功課與複習。若是你很不喜歡某一個科目，甚至是厭惡它，很可能是因為在你一開始學習它時，花了太多時間去理解某個部分，因而對這個科目失去了信心。也許你是因為生病缺課，或老師沒把某些地方講解得很周全。你告訴你自己：「天啊，班上其他人都已經了解了，卻只有我一個人還不懂。我真是個蠢蛋！」

剛開始的時候，你或許會覺得自己並不是唯一聽不懂的人。可是這點小小的挫折，將會慢慢吞噬了這門科目在你心中的地位——直到你覺得自己非但無法樂在其中，更無法在這門科目上表現很好。用點心，千萬不要放棄！若是你為自己很喜歡的科目畫了一份心智圖，你會發現，其實你不喜歡的科目與喜歡的科目之間，彼此是有關聯的。因為每件事都與其他的事息息相關。最後你將了解到，其實你真的很喜歡這些科目。

所有科目都有關聯

你可能很喜歡足球，而且還是校隊的一員，但是你卻很討厭數學，也覺得自己完全不擅長數學。嗯，請你務必三思！若是你想成為一名足球好手的話，你必須要精於數學，因為你得在心裡算出各種想要的角度與距離。所以，下次當你在演算數學幾何題時，想像自己是在足球場上吧！

>>第二次提醒：複習五次等於永久的記憶。

若是你無法**理解**某些事情的話，會讓你很討厭那個科目，所以千萬不要害怕請別人幫你。你第一個可以求助的人，當然就是老師。若是你不想向老師求助的話，不妨問問你的同學、兄弟姐妹、爸爸媽媽或是親戚，任何一個你信得過，而且會把你的問題認真當成一回事的人。

一旦建立起**自信**之後，你很快就會發現，其實你並沒那麼**討厭**那個科目——事實上，你還有點喜歡它哩！

心智圖能**顯示**出你對某個科目的理解程度，來幫助你建立自信。

為什麼6那麼怕7呢？

因為7吃掉（ate）了9！
（譯註：因為eight「8」
eight與「吃」ate同音）

Chapter 4

開始使用心智圖

Mind
Maps in
Action

心智圖可以讓你的
英文、數學、科學、歷史、地理、語言及公民
的複習工作，輕輕鬆鬆有如一陣微風吹過！

圖解心智圖，讓學習有效率！

心智圖有很多不同的運用方式。請你好好思考一下，究竟你的大腦是如何運作的
（想想你喜歡做什麼以及不喜歡做什麼），同時也想想你可以如何利用心智圖。

你覺得心智圖能為你做什麼？

★ 你的記憶力需要被喚醒嗎？

★ 當你在讀某些課文時，是否需要人幫你把裡面的概念彙整一下？

★ 當你試著想閱讀或理解某些東西時，是否覺得自己注意力不集中？
心智圖能幫你集中注意力，同時將注意力放在你正在做的事情上。

★ 當你必須構思一個故事時，是否大腦似乎會變得遲鈍而緩慢？心智
圖能解放你的大腦，讓你更有創意地使用心智圖。

★ 心智圖也可以幫你在複習功課時，做出更有邏輯的筆記重點，讓你對複習
保持興趣，也會更有興趣複習。

★ 若是你覺得有點緊張的話，心智圖能幫助你冷靜下來。

★ 心智圖可以幫助你掌握你的複習工作。

你的大腦愛死心智圖了！心智圖讓你能充分發揮大腦應有的功能，而且讓你可以同
時使用左右腦（回頭看第8頁），並透過使用色彩與圖像等大腦與生俱來的能力思
考。

> 一張圖片勝過千言萬語。所以，若是心智圖裡有十一個圖的話，
> 就相當於包括了一萬一千個字。

讓心智圖為你工作！

現在，讓我們來看看心智圖能透過什麼不同的方法，為各個科目做些什麼。

★你可以用心智圖記住正在讀的一本書裡的情節——也許是一本老師指定要讀的書。

★你可以用心智圖來彙整並記憶各種資訊中的「主題」。

★你可以用心智圖規劃寫一篇很有創意的計畫或論文。

★你可以用心智圖來整理並記憶事實。

★你可以用心智圖在複習功課時做筆記重點。

若是你複習做得很好，將會記住比你第一次學習時還要多的東西。這怎麼可能呢？
這是因為大腦記憶的勾子，把它與其他相關的事情都扣連在一起了。

接下來幾頁所設定的科目，是如何利用心智圖各種方法的建議。這些純粹都只是建議而已。

你可以為每科都繪製一張概要心智圖，裡面包括所有你要複習的主題。因為複習概要心智圖（見第40-1頁）只能畫出最重要的幾個主題，所以你必須為每個科目再畫一張更仔細的心智圖。這會讓你覺得自己了解該掌握那些重點——而且這些重點都寫在一張紙上，而不是好幾張又臭又長的條列式筆記。舉例來說，你需要畫一張科學的心智圖，就像第54-5頁的那張一樣。

改變

熱

蒸發

岩石

溶解

分離

物質

過濾

運動

肌肉

人體

節食

關節

循環

骨頭

牙齒

科 重

科學的重要主題

太陽

日 / 夜

相吸

相斥

光線

摩擦

物理過程

電力

地心引力

熱量

花的各個部分

光合作用

授粉作用

植物

的題

發芽

受精

動物

生命週期

青蛙

瓢蟲

呼吸

排泄

過程

食物

雞

敏感度

營養

イ

移動

成熟度

食物鏈

食物網

圖解心智圖，讓學習有效率！

為英文繪製心智圖

你在**英文**考試時需要寫一個故事，但大腦卻（暫時）想不出什麼**好主意**。故事的題目叫做空屋子，聽起來有點無聊，對不對？你有什麼想法了嗎？讓我們來看看畫一份心智圖對你有什麼幫助。請你拿出你的心智圖工具（還記得嗎？就是白紙、彩色比以及大腦），**把主題畫在正中央**。請你選幾個**亮一點的顏色**，然後就可以開始啦！

★在紙中央畫一棟空屋子並?上顏色，再加上幾筆你覺得可能挺有意思的東西在上面。記住，要用各種不同的**顏色**，這是個能增加想像力的好方法。

★現在從圖宗**中央**畫出幾個主幹。

★然後盡情揮灑你的**想像力**！盡可能想出各種刺激、有趣而**有可能與空屋子**有關的事物。利用「什麼東西？在哪裡？什麼時候？跟誰？為什麼？結果是什麼？」的心智圖測試圖（見第29頁）給你一點**靈感**。像是：那棟屋子是什麼樣子？座落在哪裡？這個故事是發生在什麼時候？有誰住在裡面？發生了什麼事？

★在主幹上加上**次要主題**，盡可能使用許多象徵符號、圖宗及顏色。

★繼續發揮想像力，想出各種**刺激**且**有趣**的情節，並將它們也加進心智圖。你加的愈多，故事就會愈有趣且越特別。

★繼續發揮想像力，直到心智圖上有足夠的**素材**，可以讓你開始寫故事。

東尼的英文心智圖小撇步

心智圖可以幫你：

★ 從各種不同資料中捉出**重點**，並擷取其中的概念。

★ 解放你的**想像力**，寫出有創意的故事。

★ **計劃**如何寫報告。

★ **記住**文法與發音。

從心智圖通往100分的考試與報告

當你利用**快速拖要的心智圖**完成考試的**腦力激盪**——見第111頁在考試時畫心智圖的小撇步一之後，便可以利用心智圖來架構報告內容了。想像心智圖上的每個主幹代表一個段落，並將這幾個段落視為報告的基本架構。請你從審視每一個主幹作為開始，根據優先順序為它們編號——哪一個比較有意義可以先寫？例如你可以看第58-9頁空屋子心智圖的範例。

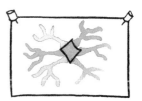

選擇哪個題目作第一個分支，並沒有什麼對或錯的問題，
只不過寫出來的會是不一樣的報告！

尖叫
跑
神祕的
聲音
窗簾
劍
服裝
打扮
演戲
舊衣服
傢俱
照片
祖先
ooohhh!
鬼
屋子
不見了！
回家
打扮
閣樓
箱子
空屋子

了解心智圖的主幹一把它們寫下來，千萬別緊張！

撰寫這個故事的其中一個好方法，就是從「屋子裡面」那個主幹、從描述那間屋子開始寫起，這將會設定好這個故事發生的場景，讓屋子成為故事的焦點。另外，你也可以從「孩子」這個主幹開始寫起，描述他們是誰，以及是誰發現了這棟屋子。這會吸引讀者把更多注意力放在幾個孩子身上，讓他們成為故事的焦點——至於屋子只是幾個孩子的一個經歷罷了。你要記住的是，無論你選擇怎麼寫都沒有對或錯的問題——不同的順序，只代表會呈現出不同的故事！

一但你決定了主幹的優先順序，便可以開始寫故事了。繪製心智圖可以幫助你解放你的想像力，所以你會發現，寫故事真是容易極了——你將會振筆如飛！

從主幹分出來的支幹，能幫你寫出故事中每個段落的細節。舉例來說，若是你決定從「屋子裡面」這個主要主幹開始寫起，它的支幹則會解釋屋子是什麼樣子，所以你可以從介紹這棟布滿灰塵、令人毛骨悚然的氛圍、所有房間都空蕩蕩的、四處都躲著蜘蛛的屋子開始寫起。等你寫完這個主幹，便可以接下去寫下一個你選擇的主題，像是「孩子」這個主幹。然後你可以撰寫與這個主幹有關的事，直到把所有的支幹都寫完為止。

下面的這篇短篇故事，是根據空屋子心智圖所撰寫的故事範例。這篇故事是從「孩子」這個主幹開始寫起，然後依照順時針方向的主幹逐一寫下去。

這是空屋子故事其中一個可能的版本。（你的版本可能會不一樣）

在許多許多年前的一個夏日裡，有三個小孩子：金姆、大衛和湯姆正為著不知該做什麼好而苦惱著。那是個熱得讓人發昏的日子。他們在湖裡釣了魚，游了泳，在田野裡爬上一棵很大的樹，還試著蓋了一間樹屋。突然，金姆想起在村裡另一隅的那間無人空屋。它座落在一大片田野的正中央，而且已經空了好多年沒人住了。沒有任何人記得有誰曾住在那裡，也沒有任何人知道有關那棟屋子的事。

於是三個小孩往空屋的方向走去，並興致勃勃地打開屋子的前門。門並沒有鎖，而且是半開的；年久失修的木頭門及門鍊還發出吱吱嘎嘎的聲音。屋子裡沒有一點聲響，每件東西上都布滿了厚厚一層灰，但孩子們仍可以辨識出餐桌上擺著一排沾滿灰塵的廚房用具。屋子裡到處都堆滿了東西。

幾個孩子小心翼翼地踩在幾乎要破掉的階梯上往樓上走。他們在閣樓裡一堆壞掉的家具裡，看到一個鎖上的箱子，於是便把它撬開，發現裡面有一套舊的絲絨外套、蕾絲領口的上衣、綴有玫瑰花飾的長褲、插滿垂墜鴕鳥羽毛的帽子、以及柔軟的絨面高統靴。他們興奮地穿上這些衣服，並從一面破碎的鏡子裡得意地看著自己身上的裝扮。他們看起來像「三劍客」，並彼此互相取笑著。當他們發現角落好像躲著什麼東西時，便拿起幾把老舊的劍，企圖保衛自己。

不久之後，他們發現風把紅絲絨窗簾吹得都掀起來了，而且窗簾後面像是響起了一陣腳步聲。他們嚇得站在原地動也不動，眼睛睜得大大的，摒住了呼吸。一個陌生低沉的嗓音突然冒了出來：「是誰在那裡？」金姆、大衛和湯姆嚇得心臟都快跳出來了，他們把劍丟在地上，急急脫下身上的戲服，幾乎要把衣服給撕了，然後便匆匆忙忙地往樓下跑，使勁地拔腿就往屋外的田野奔去。由於驚嚇過度無法言語，他們在回家之後，什麼也沒有說，更沒有告訴任何人這次冒險的事。

幾天之後，他們決定重返那棟空屋。他們跑到那片田野，眺望那棟屋子座落的地方，沒想到那裡卻已空無一物——連一點蛛絲馬跡也沒有。他們以為一定是自己走錯地方了，所以又跑到旁邊另一處田野，沒想到那裡依舊沒有任何屋子的蹤影。他們在村子四處詢問了半天，卻發現沒有任何人知道那棟屋子的存在。

圖解心智圖，讓學習有效率！

為數學繪製心智圖

一開始你可能不覺得心智圖能夠複習數學。但是它真的可以！請你想想所有你需要學習的事物，心智圖都能幫你。

辨認形狀

以形狀為例，你必須記住形狀的立體圖形，並知道它們是什麼樣子。心智圖是個可以幫你記住這些形狀的絕佳方法。心智圖快速的視覺參考圖，能幫你記住任何想要記住的形狀，而且心智圖上的顏色，能加強這些形狀在腦海中的印象。例如，當你想記住以正方形為基底的三角錐體是什麼樣子時，你的大腦會記住你在心智圖上是用藍色畫三角錐的。自己動手畫這些形狀，同樣也能加深這些形狀在你腦中的印象。

東尼的數學心智圖小撇步

心智圖能幫助你：

★記住事實與公式。
★記錄並記憶資料。
★歸納資訊。

課本對幾何課本說了什麼？

天啊，我們有什麼問題（problem）啊？

（譯註：problem又有「麻煩」之意，因此本句又可譯為「天啊，我們有那麼麻煩嗎？」的意思。）

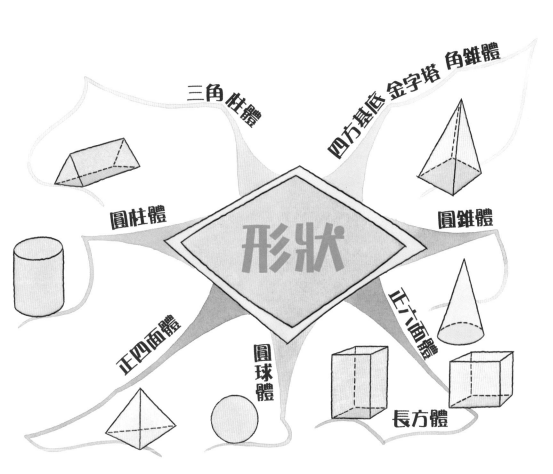

收集數據

你是否為了數學課的計畫，而必須**收集資訊**或是進行調查？或是必須記住考試的**應試方法及結果**？心智圖對應付緊急的調查結果是很有用的工具。所有收集得來的數據都可以呈現在一張紙上，讓人很容易理解。舉例來說，假設有天早上你和朋友為了交通調查而被要求去**計算**有多少種不同類型的車輛，而你必須想個方法表現出**調查**結果。這時你可以利用象徵符號來表現，像是把10輛車子放進你的心智圖裡。這會讓你非常容易就能**計算**出一共**看到多少車子**。然後你可以用各種不同的**顏色**，將這些車子分門別類。

千萬別忘了在你的心智圖中加上「**關鍵字**」，如此一來，其他人才能了解那些**象徵符號**代表什麼意思。

下一頁的範例，顯示了九月某天一個交通繁忙的十字路口，在一小時裡有多少車輛及行人經過。研究者用拍紙簿記錄了他們計算的結果，然後正確地畫在心智圖上面。

September
1 2 3 4 5 6 7 8 9 10 11 12 13 14
15 16 17 18 19 20 21 22 23 24 25
26 27 28 29 30 31

九月尖鋒時間調查

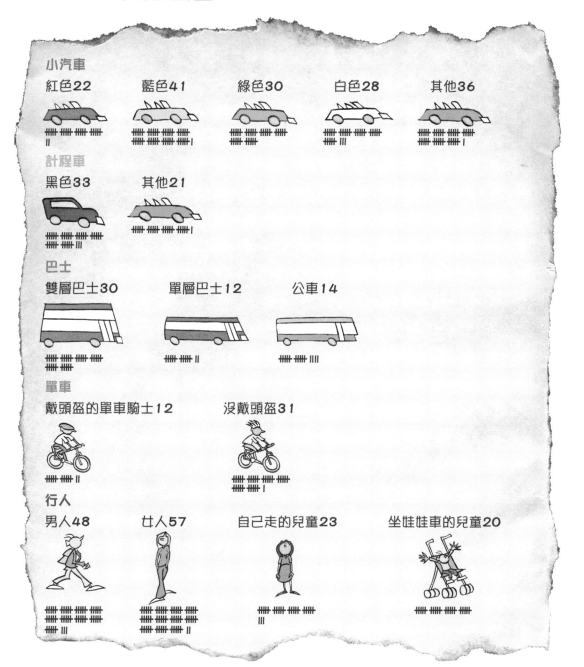

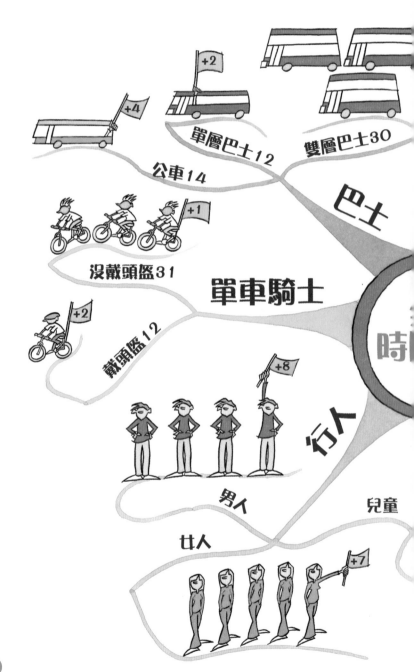

單層巴士12

雙層巴士30

公車14

巴士

+4

+2

沒戴頭盔31

單車騎士

+1

戴頭盔12

+2

行人

+8

男人

兒童

女人

+7

時

尖鋒時間調查

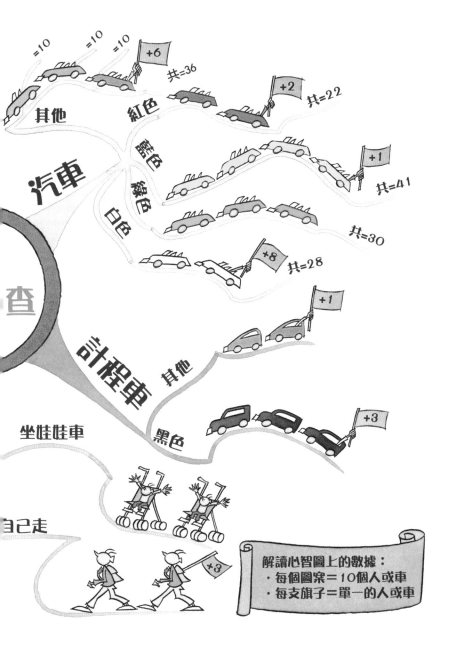

為科學繪製心智圖

科學的心智圖可以在你複習時用來記憶步驟，同時組織各種的資訊。

生命週期

在科學課中你必須學習的一個重要議題就是生命週期。地球上任何有生命的東西在生長及發展過程中，都會經歷改變的循環，但有些生物跟其他生物比較起來卻有些微的不同，而記住這些不同是非常重要的。舉例來說，雞的蛋有很硬的保護外殼，母雞生下蛋後會盡量保持蛋的溫度，直到毛絨絨的小雞破殼而出。然後小雞會長成一隻雛雞——隻年幼的小雞——最後成為一隻真正成熟的雞。但人類的身體卻與此相反，人類出生時是全然無助的，然後才會慢慢長大成為小孩、青少年、而後成為一個獨立的成人。

你可以把這些不同型態的生命周期，放在一張心智圖裡比較。這會幫助你複習起來比較輕鬆，而且相較於冗常無聊的清單，心智圖顯然要有趣多了。第69頁的心智圖是如何總結合各種資訊的範例。

什麼是學校裡最長的傢俱？

九九乘法表。
（The multiplication table，其中「table」（表）的另外一個意思是桌子）。

生 命 週 期

可逆轉與不可逆轉的改變

除此之外，你也得知道所有**可逆轉**與**不可逆轉**的改變。心智圖能幫你複習所有的資訊，並為了應付考試而牢記這些資訊。現在你千萬可不要被弄糊塗了！你的大腦會記住心智圖的圖案，而且也可以**提醒**你那些資訊是什麼。

你可以選擇任何一個你喜歡的改變**範例**。利用心智圖來幫助你理解整個改變的過程，究竟是可逆轉還是不可逆轉。究竟可逆轉是什麼意思？它的意思是，如果你讓某件事情改變了的話，還可以把它變成原來的樣子。舉例來說，你可以拿一塊奶油（喂，可不要放在你熱熱的手掌上啊）。它剛從冰箱拿出來時還是冷的，但當你把它放在高溫的廚房一陣子後會開始融化。然後你可以把它放回冰箱，而它又會變成硬梆梆的了。奶油又變回原來的樣子了，它經歷了**一段可逆轉的改變**！

圖解心智圖，讓學習有效率！

那麼，不可逆轉改的改變，指的又是什麼呢？你還是在廚房裡（這裡每天都會產生很多不可逆轉的改變！），可能想煮個蛋。當你從冰箱拿出蛋時，它裡面可能還是流動的液狀。但是當你把它放進熱水裡，或是放在平底鍋五分鐘，蛋黃與蛋白就會便得更堅實且較少流動。若是你把蛋放在平底鍋十分鐘，蛋黃與蛋白會變得完全硬梆梆的——如果是炒蛋的話，就很恐怖啦，若你是想吃的是全熟的煮蛋的話，那就很完美了！（如果你複習功課時想休息一下，吃點點心）你不可能把煮蛋恢復到它原來的樣子，因為它已經歷了一個不可逆轉的改變。

請你看看以下幾個**改變**，並畫一份心智圖將它們**歸納**起來。請你在改變過程中，盡可能透過**延伸**出來的小分支加上**細節**。

改變

冰凍

溶解

蒸發

融化

燃燒

烹調

請你自己也想幾個**例子**，顯示這兩種不同的改變。例如：若是你喜歡吃巧克力（似乎很多人也都很喜歡）的話，你可以利用巧克力融化為例，對吧？你一定會**記住**在心智圖上畫一條巧克力，而這可以**提醒你**，這是個可逆轉的改變範例！請你比較一下自己的心智圖與第72-3頁的範例。

東尼的科學心智圖小撇步

心智圖能幫助你：

★記住所有改變的過程。

★組織資訊。

★記住科學事實與資料。

硬　熱　融化

硬　熱　融化

硬　熱　溶化

巧克力

奶油

冰棒

融化

可逆轉

冰凍

蒸發

水

冰塊

太陽

蒸氣

溶化

冰箱

改變

灰燼

木頭

燃燒

烹調

不可逆轉

溶解

蛋

煎蛋

全熟煮蛋

咖啡

顆粒

液體

凝結

雨滴

為歷史繪製心智圖

當你一開始閱讀本書，看到為倫敦大火的那份心智圖（見第20-1頁）時，就已經試著使用心智圖了。讓我們從另一個角度來看看心智圖能如何幫你對付歷史。正如我們所看到倫敦大火的那篇文章，你可以在複習功課時，利用心智圖來總結所有資訊。這裡提供你另外一個例子。如果你必須在考試時想起有關伊麗莎白一世及西班牙無敵艦隊的史實，或是寫一篇與此相關的報告，而或許所有你需要複習的資訊，都寫在一段非常無趣的歷史課本的課文裡，有點像以下摘錄的內容：

伊麗莎白一世及西班牙無敵艦隊 註

伊麗莎白一世在位（1558-1603）期間，英格蘭與西班牙的關係並不友好。西班牙的天主教國王菲利普希望能拔除伊麗莎白一世，改立她信奉天主教的姪女、蘇格蘭瑪麗皇后為王。瑪麗皇后不斷計畫殺害伊麗莎白一世，人人都認為菲利普是幕後的指使者，因此伊麗莎白一世從不曾阻止法蘭西‧德瑞克及其他人攻打西班牙船艦及其領士。德瑞克經過三年的長途跋涉，來到了屬於西班牙殖民地的南美洲，奪取了許多船隻與黃金，更激怒了西班牙人，因此1588年菲利普國王決定侵犯英格蘭。一個包括130艘船與30,000名士兵、人稱西班牙無敵艦隊的隊伍航向英格蘭，船上載有20,000名來自西班牙統治下的荷蘭人。但這個計畫卻在途中被英國海軍以過時的包抄方法，以及運用鐵製爪鉤將兩艘船綁在一起的方法給擊敗。精良的大砲、新型的戰術、並掌握了當地天候的動向，讓德瑞克在無敵艦隊快速且平穩地駛過普利茅斯時大獲全勝。他計畫從後方逐一將西班牙船隻給奪下，而且也真的做到了；他的秘密戰術是在舊船隻上裝滿了引火物及炸藥，然後將這些船隻飄進西班牙艦隊中間。最後西班牙艦隊潰不成軍，破碎的殘骸布滿了蘇格蘭及愛爾蘭海岸。

這是段多麼無聊的課文啊！好吧，請你再讀一次課文（真的是最後一次，之後你只要參考心智圖就夠了！），然後**挑出**你認為最主要的幾個**重點**——可以畫出重點的彩色筆應該會很有幫助。然後請你在自己的心智圖上**概述**這段課文，看看自己是否能記住課文中的資訊。（想不到你還不賴嘛！）請你比較一下你畫的心智圖與下一頁的心智圖有什麼不同——記住，心智圖沒有什麼標準答案。

東尼的歷史心智圖小撇步

心智圖能幫助你：

★ 從一個或多個資料中**找出**重點。

★ 如何**計劃**寫報告。

★ **歸納**並記憶史實。

★ **歸納**並記憶事件的發生順序。

為什麼歷史總是重複地說
（譯註：repeat itself，亦
即重演的意思）？

因為我們在歷史第一次發
生時都沒有聽到！

> 註 十六世紀的英國是個勢力單薄的清教徒國家，面對以西班牙宮廷為首的天主教歐陸國家，女王伊麗莎白一世必須想辦法鞏固英國在歐洲的勢力。瑪麗是信奉天主教的蘇格蘭女王，而伊麗莎白一世是英格蘭的新教徒女王。兩個國家長期不和，各自的宗教相互對立。瑪麗的存在對伊莉莎白造成了威脅，因為她是亨利八世最喜愛的外甥女，被英國皇室所承認；若伊莉莎白死了，瑪麗可順理成章登上王位。後來瑪麗女王以叛國罪被判處死刑，伊莉莎白女王勉強簽署了死刑執行令，將自己最重要的威脅剷除。到了1588年，英國擊敗了當時無敵的西班牙艦隊，伊莉莎白帶領著大英帝國成為海上強權，進入了英格蘭的「黃金時期」。

天主教

瑪麗

密

關進 監獄

菲利普國王

艦隊

智取

130艘船

30,000人

西
無敵

冊封為爵士

德瑞克

英雄

伊麗莎白一世

西班牙無敵艦隊

伊麗莎白一世

清教徒

掠奪

賞金

攻擊

船

德瑞克

南美洲

英格蘭

舊戰術

西班牙

攻擊

引火物

滾筒

蘇格蘭

殘骸

大砲

埃及人與圖坦卡門

這裡將告訴你如何利用心智圖，從**各種**不同的來源**收集資訊**，並透過某種方法記筆記重點，好讓你在日後的複習過程中能**了解**其中內容。若是你正在讀某個科目，並從許多不同**書籍**、**電視節目**或**網路**收集資料的話，這個方法會很有用。

這裡有些來自來自種不同來源的筆記重點，是有關圖坦卡門的。你能將它們畫進心智圖裡嗎？千萬別忘了，心智圖有很多種不同畫法——每張心智圖都**不一樣**，因為每個人的腦袋都**不一樣**啊！

圖坦卡門在九歲時成為法老王，並很快娶了安肯森帕頓。他的父親死於西元前1336年，並被埋在一處秘密墓穴裡。

圖坦卡門生於西元前1342年的尼羅河畔。他的父母親是阿肯納頓與可亞，而可亞是阿肯納頓的第二任妻子。

他們崇拜太陽神阿頓。

圖坦卡門在加納神殿被冊立為法老王。

阿肯納頓的第一任妻子是娜法蒂蒂，她協助計畫了花園城市。她有六個女兒，她們是圖坦卡門同父異母的姐妹。

抄寫員教導圖坦卡門讀與寫。他學習象形文字。沙草紙是用來寫字的。

武裝軍隊攜帶銅製的匕首、劍、斧與棍棒。他們使用牛皮做的盾牌。武裝軍隊攜帶銅製的匕首、劍、斧與棍棒。他們使用牛皮做的盾牌。

他向政府官員艾學習家族歷史。

他的屍體始終未受到干擾，直到1923年霍爾‧卡特打開了埋在地下的墓室。他的陪葬品是為了前往來生途中使用。

他死於西元前1323年，年僅17或18歲，可能是死於戰車意外。

他的屍體被做成木乃伊好進入來生，在一層包覆著一層的三層棺木中，有許多不可思議的陪葬品，其中最裡面的一層棺木是黃金打造的。

註：圖坦卡門的父親是阿肯納頓（Akhenaten）。他於西元前1351、1334年治古埃及17年。他在位時期推行的宗教改革，是古埃及歷史上最重大的事件之一，也是長期以來學者們研究的焦點課題。他在登上王位的第一年，便開始宣傳阿頓太陽神，以取代過去埃及人的各種神靈崇拜，甚至為此與底比斯的原始宗教阿蒙教的祭司進行無情鬥爭，更為了徹底擺脫阿蒙祭司而將首都城原本的底比斯遷到他自己所建的城市埃林塔頓。

阿肯納頓死後，兒子圖坦卡門（Tutankhamun）繼位，是古埃及第18位法老王，公元前1336至前1327年統治埃及，18歲時因戰車發生意外而死亡（一說是被祭司險謀害死）。由於他英年早逝，陵寢又隱藏在另一個著名法老王拉美西斯六世的陵墓下面，所以一直到1922年11月才被英籍埃及考古學家卡特發現。這個陵寢裡有法老王的木乃伊及5千多件陪葬品，是300多年來唯一完好無缺的法老王陵墓，也是埃及最豪華的陵墓。木乃伊置於3層棺槨內，最內層為金棺，兩外層為鍍金木槨，木乃伊頭戴燦爛金質頭像面具。木乃伊和包裹布上覆蓋大量珠寶與護身符。這座陵寢花費了考古學家23年時間進行挖掘、清理與陪葬品編目工作。

據說80年來許多進入法老墓的人，無論是考古學家、探險家還是盜墓賊，不久便曾染上絕症或意外身亡。這似乎正應驗了法老王墓穴裡刻著的著名的咒語：「誰打擾了法老的安寧，死神的翅膀就會降臨在他的頭上。」

17歲　西元前1323

戰車

意外

木乃伊

死亡

3個金棺

陪葬品

9年

結婚

法老王

加納神殿

冊封為王

神殿

主要軍隊

盾牌

匕首

古老宗教

棍棒

斧頭

圖坦卡門

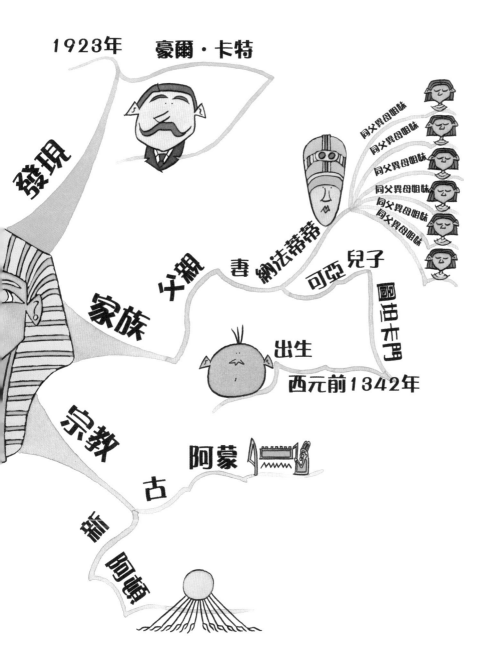

為地理繪製心智圖

心智圖對於複習功課、記憶各種**步驟**都是**絕佳**的工具，還能幫你歸納及**整理**必須學習的資訊。

火山

以火山為例。你能**記住**必須記得的各種重要火山景觀嗎？心智圖能**幫助**你解決這個問題！

你可能在課本或參考書裡看過一些火山景觀的情況。請你很快**看過**一次，歸納出哪些是比較**重要**的，然後試試看是否能**創造**出屬於自己的心智圖。請你比較看看，你的心智圖與下一頁的範例有什麼不一樣。

火山之所以會產生，是因為地殼裂縫或地殼較薄的地方讓融化的岩石，稱之為岩漿、灰燼與沼氣從裡面跑出來。岩漿在巨大的壓力與地殼有裂縫的情形下，會成為熔岩流出來，當它冷卻時則會凝固。火山是由上次火山爆發產生的層層熔岩與灰燼所構成的。火山頂巨大的開口稱為噴火口，四周環繞著火山緣。剛爆發火山的噴火口充滿了融化的岩石及冒泡的沼氣。老一點的火山噴火口則充斥著凝固的岩石，有時還會有火山湖。火山裡有一條輸送管或是通道，可以直達熔岩。火山最頂端是火山口，但它有時會被硬化的熔岩堵塞住。在火山通道的最底端是一池岩漿，稱為岩漿室。

有些火山在許多年前曾爆發過，目前則處於休眠（或「睡覺」）的狀態，另外有些火山則處於活動期，隨時都有可能會再次爆發。全世界大概有20到30座活火山，每年都有可能爆發。例如南美洲哥倫比亞的內瓦多德魯茲火山、上次是1707年爆發的日本富士山、以及美國的瑞尼爾火山，不過它已有100多年沒爆發過了。若是一座火山幾千年都沒爆發過，就算是死火山了，例如美國的艾格蒙火山及坦尚尼亞的吉力馬札羅火山。

誰是世界上最討人厭的

麵包師？

艾帝拉小圓麵包。

（譯註：Attila the Bun。
這其實是一位壯碩的美國
女強盜的別號，因為她的
髮型很像小圓麵包，故有
此稱）

東尼的歷史心智圖小撇步

心智圖能幫助你：

★ 了解地理變化的步驟。

★ 組織資訊。

★ 總結並記憶事實。

★ 記住哪一洲有哪些國家，以及這些國家首都的名稱。

古代北歐的維京人是如何

傳送秘密訊息的？

利用古代北歐的諾斯密碼
（Norse code）！
（譯註：因與世界上最重
要的密碼技術摩斯密碼
Morse code音似）

日本富士山

美國 瑞尼爾 火山

眠火山

哥倫比亞內瓦多

德魯茲火山

活火山

範例

吉力馬札羅火山

死火山

美國 艾格霧火山

裂縫

沼氣

熔岩

灰燼

火山

為語言繪製心智圖

複習外國語言時，心智圖是種**很棒**的工具。因為心智圖的**圖案**，
能提醒你的**大腦**那些字是什麼。

選擇顏色

例如你可以利用心智圖上的**顏色**（如下圖），幫你記住法文中代表各種顏色的字
彙，而且若是你忘記的話，這些圖案能提供大腦一點助力。

而且更棒的是，你可以把需要學的單字，根據不同主題或角色扮演的場景來**分類**。
無論是筆試或口試的時候，你能**記住**特定主題裡所有的單字，而這都要感謝心智
圖——因為它把單字都**歸納**好了！

心智圖的採買清單

第88-9頁的心智圖範例，顯示了你在扮演採買東西的角色時，可能需要**學習**的**法文字**。再次提醒你，**圖案**能幫你記住這些單字。

東尼的語言心智圖小撇步

心智圖能幫助你：

★**複習**並記住單字。

★在不同場合扮演不同的的**角色**中，記住單字及句型。

★在報告中**組織**並記住主要句型。

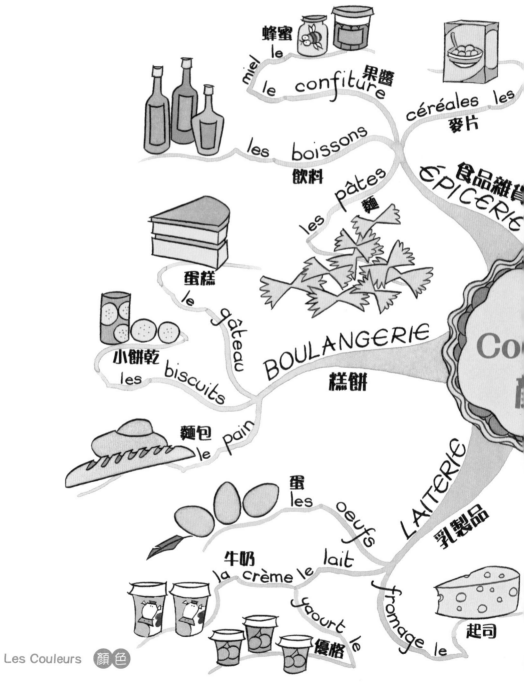

蜂蜜
miel le

果醬
le confiture

céréales les
麥片

les boissons
飲料

les pâtes
麵

ÉPICERIE
食品雜貨

蛋糕
le gâteau

BOULANGERIE
糕餅

小餅乾
les biscuits

Co

麵包
le pain

蛋
les oeufs

LAITERIE
乳製品

牛奶
la crème le lait

yaourt le
優格

fromage le

起司

Les Couleurs 顏色

88

蘋果
les pommes

香蕉
bananes les

水果
FRUITS

橘子
oranges les

蔬菜
LÉGUMES

食物

ARCHAND DE

番茄
tomates les

生菜
la salade

馬鈴薯
pommes de terre les

甜蘿蔔
carottes les

豬肉製品
CHARCUTERIE

豬肉
porc le

香腸
saucisses

豬肉派
terrine la

為公民繪製心智圖

公民的權利與義務，是有關你對於成為一個有學識、有責任之人的知識與了解程度，像是如何保護地球及其有限資源，或是了解法律系統是如何運作。環保也是其中一個你可能會被問到的領域。

廢物利用，不要浪費！

有責任感地使用地球資源是非常非常重要的。我們浪費了很多的資源，所以也應該再次利用它們！我們每天日常生活用了很多玻璃。你知道那些玻璃瓶跟玻璃罐在用完裡面的內容物後到哪裡去了嗎？它們是被丟進了垃圾筒，或是你住的地方有回收系統？玻璃是不能被分解的東西，意思是它現在不會腐爛，永遠也不會爛掉。但玻璃能再度融化並再度鑄型很多次，也完全無損於它的品質。如果你能夠回收玻璃的

話，請你務必要這麼做！若是你使用放置回收空瓶的容器的話，請你把它們依據**不同顏色分開擺放**。你只要花點力氣做這件有點麻煩的事，卻能讓這些空瓶一次一次地**再度被使用**。

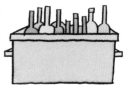

所有可能的選項是什麼？

你在店裡買了一瓶東西，把它帶回家後使用了裡面的**內容物**。接下來呢？若是你把它丟進你家的垃圾筒裡，它將會跟其他的**垃圾**與廢物一起堆在垃圾場。但這個瓶子卻會一直留在垃圾場裡——永遠——或者會被燒掉，而這個瓶子就再也沒有用處了。玻璃瓶無法分解。若是你把瓶子拿回店裡，或許有幸能拿回一點錢。這在過去是常有的事，但近來已愈來愈不常見了。人們將破掉的玻璃瓶拿到放置**回收空瓶**的容器裡，或是路邊的回收站，而這些玻璃瓶將重新被鑄造，製造出更多的瓶子，而且最後很可能又會再回到你家！

錫罐跟易開罐呢？

你喝不喝氣泡飲料？你怎麼處理喝完的**空罐**？若是你把它們丟進垃圾筒裡，它們只會與其他的**垃圾**一起堆在垃圾場。但是如果你懂得回收再利用，不論是把它放到路邊的回收站，或放置回收瓶子的容器裡，這些金屬罐都可以**再加工**而成為新的罐子。如果慈善或社區團體收集這些空瓶的數量夠多的話，他們可以將瓶子再賣掉一次。通常鋁罐的價格比鐵罐高，所以若是你能把不同罐子分開放的話會很棒（可以用磁鐵測試一下——如果罐子會吸附在磁鐵上的話，那就是鐵罐！）。這些空罐在加工廠裡會變成**碎片**，鐵罐被壓縮成一大包然後賣到鐵工廠；鋁罐則會被再次融化**製造**成新的**產品**。

試試看你是否可以將這些資訊放進心智圖裡，進行一次**簡單的複習**。

再鑄造

再利用

路邊回收站

玻璃

垃圾場

垃圾筒

焚化爐

家

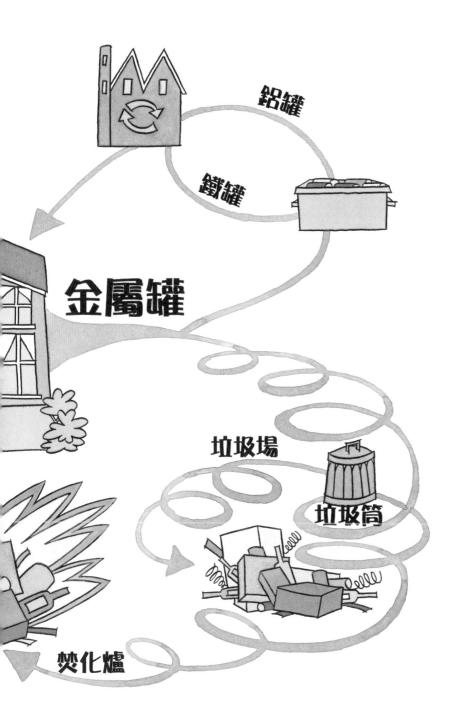

圖解心智圖，讓學習有效率！

東尼的公民的權利與義務心智圖小撇步

心智圖能幫助你：

★ **歸納**步驟。

★ 記住**重要**的事實。

★ 了解重要結果與事件的關聯。

新垃圾互人：我必須受哪
些訓練？

老手：不必了，你只要邊
走邊揀（邊做邊學）就行
啦。（譯註：pick up在
這裡可譯為「揀」或是
「學」）

心智圖可以用在任何地方！

正如你可以看到的，心智圖可以幫你複習各個不同**科目**——不只是本書所提到的幾
個科目而已。發揮你的**創造力**，讓心智圖幫你做任何你希望它幫你做的事。這正是
心智圖的目的所在，也就是幫助你**成功**！

若是你運用得當的話，你的記憶力可以有**無限大**——使用心智圖，
你就會擁有無限的記憶力！

>>**第三次提醒**：複習五次等於永久的記憶。

東尼的心智圖小撇步

心智圖有什麼功用？

心智圖能夠幫你……

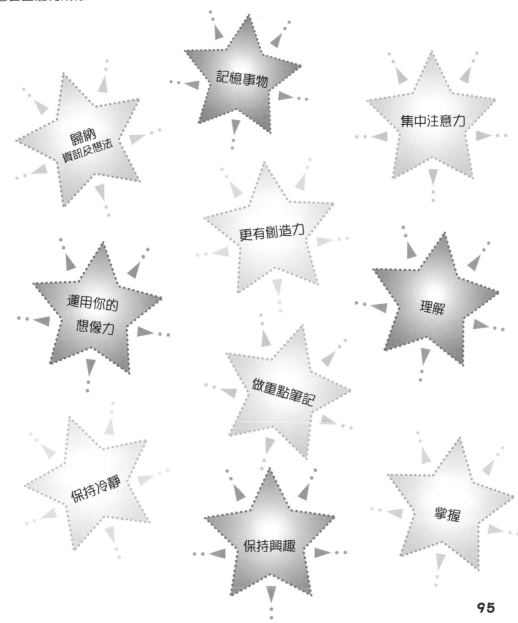

記憶事物

集中注意力

歸納
資訊及想法

更有創造力

運用你的
想像力

理解

做重點筆記

保持冷靜

保持興趣

掌握

Chapter **5**

別讓壓力上身

**Don't
Let it
Get to
You!**

你是否會為複習功課而緊張不已？
試著用些能讓你冷靜下來的技巧吧，
它們會讓你變得既冷靜又很酷喔！

圖解心智圖，讓學習有效率！

你是否曾經聽別人說過：「我真的覺得好緊張！」對，我們不時會感到有點兒緊張，這是很正常的事！事實上，適度的壓力或許反而會讓我們更有精神、更有**活力**，而且讓我們保持在更機警的狀態。如果我們始終保持**沉著冷靜**的話，或許就不會有任何動機去做任何事情，只會成天躺床上消磨時間了！我們會說：「別擔心啦，快要考試了？安啦，反正我不用**複習**功課。」（想想看，爸媽會對你的反應作何感想！）所以說，一點壓力能讓我們更有**衝勁**，而且能激勵我們做點事。

不過，**過多**的壓力可不是件好事，反而會讓我們感到沮喪及生病。壓力會讓我們驚惶失措，覺得自己無法做任何事。若是你覺得自己已有類似的情況，試著用本章提供的一些減壓**建議**。這些建議真的很管用，而且既**簡單**又**容易**做。

不要抑制你的壓力

但是，如果你真的覺得壓力很大，大到**不是平常**所能承受的程度，每件事都逼得你快要受不了了，你最好試著把這種想法與其他人**分享**——你的爸媽、同學、任何你覺得可以很**自在**地向他傾訴的人。

> 記住，你的大腦比你想像的還要棒。當你在複習功課或考試的時候，
> 大腦裡埋藏著許多珍貴的資訊。而心智圖可以幫你挖出大腦裡的這些金礦！

處理一般性的壓力並保持)冷靜，能幫助你**有效**地複習功課並應付真正的考試。這是通往**成功之門**的主要關鍵。當你放鬆時能夠**集中注意力**、**記住事情**、**有計畫**與**組織能力**——事實上，你可以擁有考試時需要的各種能力。

閒混不想念書的時候

你是否注意到心智圖的某些獨到之處？如果你畫過幾次**心智圖**就知道，繪製心智圖能讓你**冷靜**下來。只要拿起你的**彩色筆**，讓思緒像做白日夢一般，從一個意念飄到另一個意念。當你在心智圖上漫不經心地畫著那些**小圖案時**，可以幫助你冷靜下來。

精神運動選手的減壓技巧

請你試著運用以下這些能讓你冷靜下來的技巧。奧林匹克運動選手會利用這些技巧，來幫助他們準備好迎接盛大的比賽，就像是應付考試一樣。

1.讓大腦休息一下

這個技巧會讓你的思緒放鬆，也可以緩和你的胃痛。

★請你坐在書桌前，兩手輕鬆地放在膝蓋上，雙腳平放於地板。

★閉上眼睛。

★請你想像一個小池塘。你可能曾經見過它，或者也可以自行想像。

★想像自己站在池塘邊。

★請你聞聞周遭的空氣。你聞到了什麼？新鮮的青草味？還是聞到了花香？

★請你從腳邊拾起一粒鵝卵石，感覺它碰到皮膚時的平滑觸感。

★請你將石頭輕輕地投入池水裡。

★你聽到石頭掉進水裡的聲音。

★你看到池水濺起了水花。

★你近距離看著石頭沉入水裡。

★你看著石頭濺起的漣漪慢慢擴散並漸漸消失。

★你看著池水再度恢復平靜。

★你看到一隻蝴蝶翩翩飛過平靜的池水。

2.深深吸一口氣

這個方法不論處於什麼壓力狀況下都很有用。當你開始要複習功課，或是剛坐在桌子前面準備考試時，這也是個很好的方法。

★請你坐在書桌前，雙手輕輕置於膝上，雙腳平放於地面。

★閉上眼睛。

★請你開始深吸一口氣，鼻子不要發出任何聲音。腦子裡除了吸氣以外，什麼也不想。

★很快地摒住呼吸。

★深深地將氣呼出來。腦子裡除了呼氣以外，什麼也不想。

★同樣的動作做十次，每次呼氣與吸氣的動作，都盡量做得深一點。

★現在你一定覺得自己非常平靜且放鬆──你已經準備好做任何事了！

3.大笑三聲！

你每天一定都要笑口常開。笑是能讓你放鬆，而且覺得每件事都很積極正面的最好
方法之一。

鬼魂早上十一點在做什麼？

在棺材裡休息！

（譯註：因coffin break 與
coffee break發音相近）

4.打個盹也沒什麼大不了

你是否感到難以入睡，或是因擔心考試或功課複習不完而很早就醒來？你可以試試
看在睡前喝杯熱飲。避免在晚上喝氣泡式飲料、茶或咖啡，這些飲料裡面含有讓大
腦興奮的咖啡因，會讓你睡不著。芳香療法聽起來好像很嬉皮，但是這個
方法真的能幫你冷靜下來（嬉皮可是冷靜高手）。試著滴幾滴薰衣草精
油在枕頭或是洗澡水裡。薰衣草可以讓你冷靜並舒緩下來。

或者，你也可以試試這種效果驚人的冷靜運動法來幫助你入睡。同樣的，許多頂尖運動選手在重要比賽之前，也曾使用這個方法。

★平躺在床上，雙手放鬆置於身體兩側。

★閉上眼睛，逐一想著身體的每個部分。

★請你在想到雙腳時結束思索。然後繃緊雙腳持續一會兒，再將雙腳完全放鬆。

★想著你的小腿。然後繃緊小腿，持續一會兒後再放鬆。

★想著你的大腿。然後繃緊大腿，持續一會兒後再放鬆。

★想著你的腹部。然後繃緊腹部，持續一會兒後再放鬆。

★想著你的肩膀。然後繃緊肩膀，持續一會兒後再放鬆。

★想著你的背部。然後繃緊肩膀，持續一會兒後再放鬆。

★想著你的臉部。然後盡可能揉揉臉，持續一會兒後再放鬆。

★最後，想想你的十根手指頭。然後盡可能捏緊手指頭，持續一會兒後再放鬆。

如果你再做完這些動作還是睡不著的話，試試看再做一次想像池塘的練習（見第100頁）。

如果你在**白天**想休息半個鐘頭，也可以做這個練習。你可以一邊做這個練習，一邊**放**些可以**放鬆**的音樂，就算打瞌睡也沒關係。事實上，你若是會打瞌睡的話就太棒了。你會在一會兒之後醒來，覺得整個人**神清氣爽**。

5.不要自己一個人複習——成立複習俱樂部

你可能常會覺得，一個人坐在房間裡複習功課很寂寞。這時其他同學都在做什麼呢？他們是不是也在複習功課，還是正做著他們聲稱自己在做的事？你是否覺得自己的餘生終將在永無止盡的考試中度過呢？

這裡倒是有個**解決**的辦法。你為什麼不跟朋友一起用**心智圖**來定期複習功課呢？你只要安排固定的時間、在哪裡碰面（例如某人家裡）、以及複習哪個科目就可以了。或許你們可以每天輪流複習一個科目。

當你們選擇了某個主要想討論的題目時，可以把所有的書本通通收集起來，大家盡情地**腦力激盪**一番——每個人對同一件事都有不同的看法，所以這時你的腦袋會比獨自一人時冒出**更多點子**。當然啦，腦力激盪的最好方法就是使用心智圖。你們每個人都可以為複習的科目畫一份心智圖，並討論看看彼此之間有什麼不同的看法。

> 大家一起討論功課，除了可以讓課業更生動，提供你新的想法，還能修正你腦袋裡舊有的觀念。兩個（或三個或四個）腦袋，當然要勝過一個腦袋！

或者，你們也可以畫一份**很大的心智圖**（把幾張A3的白紙貼在一起），大家一起想想看主要的幾個分支是什麼，然後腦力激盪一下，想想看其他幾個次要分支。你會**很驚訝**地發現，你們竟然會想出這麼多不同的想法！

另外一個方法，則是你們可以一個一個輪流**建立**心智圖——輪到你畫的時候，你可以加上額外的分支或次要分支。

透過這種方式集思廣義，你能夠跟**同學**在一起，與他們一起**歡笑**，一起**複習**功課——不必把它視為複習功課，因為這根本就是社交活動嘛！

>>第四次提醒：複習五次等於永久記憶

是誰設計了諾亞方舟

（Noah's ark）？

方舟建築師！

（譯註：因為ark-itect與

architect建築師的發音相

近）

東尼的減壓小撇步

★每天大笑三聲或很多聲。

★每天做些有品質的**運動**（這可不是指你從臥室到廚房來回走幾次喔！）。

★試試看簡單的**冥想**（不是很詭異的那種！）。

★試試看簡單的**視覺想像**（可以簡單運用你的想像力）。

★複習功課時，可以在房間放點**音樂**來達到減壓的效果。

Chapter 6

準備考試

Exam
Attack

瞄準目標，準備好，**出發**！
來吧！複習時間結束，
現在是**放鬆**的時間啦！

圖解心智圖，讓學習有效率！

在**考試**前一晚，請你試著做點除了複習功課以外的事。你可以去**游游泳**、跟朋友聊聊天、或者試著睡一場好覺。早上一起來，吃頓**營養的早餐**，可以讓你一整個早上精神百倍。如果你在考試時覺得很餓的話，你的腦袋裡除了食物以外，會什麼也想不出來。

如果考試那天可以不必穿制服的話，請你穿上你最舒服的衣服。**檢查**一下你的書包，確定你已經帶了必備物品：**筆**、備用**筆芯**、鉛筆、彩色筆、橡皮擦、削**鉛筆機**、尺、計算機、以及其他計算用的工具。你不需要帶什麼吉祥物符——因為你已經有心智圖了！如果你可以帶書進入考場的話，檢查一下是否已經帶了。同時也要帶一點面紙及手錶。記得在進入考場前先上個廁所。

時髦的考試技巧

考試不只是考你是否能**記住**很多事，同時也可以反映出當時你的**應試技巧**。

有一部分的考試技巧，是你對**考題**的理解程度，而**老師**當然是你諮詢的不二人選。老師常會提供許多模擬試題，你可以看看這些題目，熟悉一下題目的類型與格式。當你進入考場翻開考卷時，你會覺得似乎已經**練習**過這些題目，而且**你很快**會對自己有信心——尤其是因為你已經做過一次完整而有效的複習了。如果你對自己很**有信心**的話，會很順利寫完考卷，拿到應得的分數。考試對你而言，簡單輕鬆地有如一陣微風！

> 若是你的好朋友在考試一開始時就振筆疾書的話，
> 請你也不必理會。

考試技巧也與你**答題的方式**有關。在你**驚人**的大腦裡，充斥著所有的事實與資訊，而它們不會在你開始閱讀考題的時候憑空消失。所以不必急著把你知道有關這個題目的**所有東西通通**寫出來。你只要把題目要你回答有關主題的某個部分寫出來就行了。所以在你開始**下筆**之前，請你先花一點時間想想，在你準備答題之思考一下以下五個簡單的步驟：

1.答題前先看清楚

★**深呼吸**。當你一進入考場坐下來後，請你很快深呼吸一下（見第101頁）。四、五次深呼吸能夠和緩緊張的情緒。

★**把考卷從頭看一遍**。當你一翻開考卷，請你先花個幾分鐘，仔細地將整張考卷從頭看一遍，確定你已經掌握考題上所有的指示。若是在答題前將所有題目全部看過一遍，當你在提筆回答眼前的題目時，你的大腦在潛意識裡便會先行思考下一題該怎麼答了。

★**簡單的先寫**。如果可以選擇的話——請你選擇先寫最簡單的題目。

★**算好時間**。請你算一下，每一題有多少時間可以作答，然後根據這個時間來答題。如果你在考試時的時間分配得宜，就等於已經成功了一半。

★**收割成果**。在考試的時候，找一下回答哪一題可以得到最高分，並請花較多時間在那幾題，而花少一點時間在分數較少的題目上。這叫做「收穫」得分法。

為什麼小孩子要在飛機上讀書？

因為他可以受更高的教育。

（譯註：教育education又可翻譯成「訓練」，而在飛機上可以受到「更高的訓練」）

>>第五次提醒：**複習五次等於永久的記憶。**

繪製心智圖也能夠幫助你冷靜下來，
讓你掌控一切。

2.用心智圖來掌握考試

★ **提筆前先計畫一下**。很快花個一兩分鐘，用心智圖將每個問題的答案畫下來，如此一來，你便可以很快地記住所有相關的事情，而且在寫下答案之前便已胸有成竹了。

★ **將事實極大化**。記住，把主題置於心智圖的中央，次要主題則放在主要分支上。所有不太重要的題目都放在最小分支上。選擇跟你複習時所用顏色一樣的色筆，這會讓大腦回憶起現在你需要記住的事實。你所畫的所有圖案，只要簡單兩筆帶過即可。

★ **絕佳的申論**。如果你要回答申論題的話，記住要計畫怎麼寫引言、中間的申論、然後是結論。

★ **附上心智圖**，讓老師印象深刻。交卷時，把你所畫的心智圖也一併交出去，同時不要忘了寫上名字。這可能會有「額外的好處」喔。

3.好好答題

★ **回答前先打草稿**。當你在打草稿回答題目時，可以想想自己畫的心智圖。你一開始就畫心智圖的話，最後寫出來的答案就會完備而工整得多。

★ **力求工整**。工工整整地寫下答案，檢查一下拼字或發音是否有誤。

記住如何得到高分的「收穫」得分法。

圖解心智圖，讓學習有效率！

如果腦袋一時打結的話，
想想你在家裡房間常聽的音樂——這會幫助你想起你需要的資訊。

4.檢查才會成功

★檢查並改正。將你寫的答案全部再看過一次。如果發現錯誤的話，請你整齊地將它們擦掉，然後再把正確答案寫在上面。

★名字是得分的籌碼。記得在交卷及交心智圖之前，要把名字寫在上面。

5.休息並蓄勢待發

★休息為了走更長遠的路。當你答完一題之後，可以先深呼吸一下，然後再很快地讀下一個問題。請你閉上眼睛一兩分鐘，深呼吸幾次。當你讓大腦休息時，它潛意識會思考下一題你該怎麼答。所以當你繼續答題時，會發現思緒更為源源不絕地湧出來。

不要理會在那些考場上振筆疾書、答案寫得又多又長的人。記住，得分的關鍵在於答題的質，而不是量。而且，因為你的大腦已被心智圖所激發，所以你有可能才是那個答案寫的最多最長的人——而且還是質量並重的答案喔！

什麼東西只會跑
（run），不會走？

水。
（譯註：形容水的流動是用
「run」跑這個字）

為什麼羅馬人要建造筆直的馬路？

為了阻止他們的士兵發瘋
（譯註：round the bend直譯
是在轉角繞來繞去，但也
是發瘋的意思）。

Chapter 7

~乘風破浪~

考試真是簡單極了！

What
a
Breeze!

做得好！你成功了！
我希望是心智圖幫助你邁向成功之路的！
現在你何不辦個特別的派對呢？
不過你該怎麼籌辦這個派對呢？
對啦，你答對了，
就是利用心智圖啦！

公園

在哪裡

花園

家裡

水果酒

各種生菜

沙拉

食物

義大利麵

BBQ

素食堡

牛肉堡

娛樂

跳舞

音樂

錄影帶

熱帶派對